广东省中小学"百千万人才培养工程"
初中理科名教师培养项目丛书

丛书总主编：于　慧　李晓娟

创新与融合：
初中生物学教学模式与方法研究

王惠　著

暨南大学出版社
JINAN UNIVERSITY PRESS
中国·广州

图书在版编目（CIP）数据

创新与融合：初中生物学教学模式与方法研究/王惠著 . —广州：暨南大学出版社，2023.12

（广东省中小学"百千万人才培养工程"初中理科名教师培养项目丛书/于慧，李晓娟主编）

ISBN 978 - 7 - 5668 - 3827 - 8

Ⅰ.①创… Ⅱ.①王… Ⅲ.①生物课—教学模式—研究—初中 Ⅳ.①G633.912

中国国家版本馆 CIP 数据核字（2023）第 247983 号

创新与融合：初中生物学教学模式与方法研究
CHUANGXIN YU RONGHE：CHUZHONG SHENGWUXUE JIAOXUE MOSHI YU FANGFA YANJIU

著 者：王 惠

出 版 人：阳 翼
统 筹：黄 球 潘江曼
责任编辑：刘宇韬
责任校对：刘舜怡 王燕丽 陈皓琳
责任印制：周一丹 郑玉婷

出版发行：暨南大学出版社（511443）
电 话：总编室（8620）37332601
营销部（8620）37332680 37332681 37332682 37332683
传 真：（8620）37332660（办公室） 37332684（营销部）
网 址：http://www.jnupress.com
排 版：广州良弓广告有限公司
印 刷：广州市金骏彩色印务有限公司
开 本：787mm×1092mm 1/16
印 张：11.5
字 数：215 千
版 次：2023 年 12 月第 1 版
印 次：2023 年 12 月第 1 次
定 价：49.80 元

前　言

与其他科目不同，初中生物课程对实验的重视程度很高。因此，教师必须根据生物学科的特殊性和学生的群体能力发展特点，对课堂教学的具体流程进行一步一步的优化，为构建有效的课堂教学模式打下坚实的基础。采用高效的课堂教学模式，要坚持立德树人的基本要求、坚持以人为本的教育理念，要立足学生的全面发展，向他们提供更为个性化、多样化、科学化的教学，使他们能够真正认识到课程的实用价值。因此，在这一部分，笔者将以初中生物课程的有效实施为例，对如何提高初中生物课程的有效性进行论述。

第一，本书主要阐述了初中生物的基础理论，初中生物课程的教学模式、创新思维和教学方式；第二，从情境创设、生活化教学、信息技术运用、协作学习和专题教学等方面论述了初中生物教学的改革思路与方法；第三，对初中生物学进行了深度剖析，使学生对深度探究初中生物的内涵有一个崭新的了解；第四，对初中生物教学有效性的方法、初中生物教学中的信息技术的运用等问题展开较大范围的改进；第五，从多个角度对初中生物教学与思维导图的结合、初中生物教学与社会责任的结合进行详细的论述，这些内容可以很好地体现出21世纪以来，我国在初中生物教学领域中所面临的前沿问题，希望借此能够让读者对初中生物教学模式与方法的重要性和必要性有一个全面的了解。本书具有较强的理论性和实用性，可为初中生物教学工作者提供一定的参考。

为使本书更具学术性和严谨性，笔者在编写这本书时参考了很多文献，援引了很多专家学者的研究成果，在此致以衷心的感谢。因为时间紧迫，本书可能会存在一些疏漏，还请读者多多指正，提供宝贵建议，使本书日后能够更加完善。

王　惠

2023 年 6 月

目 录
CONTENTS

第一章　相关概念界定

第一节　初中生物

从 20 世纪中期开始，生物科学得到快速发展，并取得很多重要成果。人类基因组计划的成功实施，预示着 20 世纪人类已经迈入生物科技的新阶段。生物科技的发展比以往任何时候都要快。与此同时，生物学科正朝着以人为中心的方向前进。在解决人口问题、资源危机、生态环境恶化以及生物多样性受到威胁等众多问题时，生物科学和生物技术起到了日益重要的作用，在现代社会文明的发展中，生物科学和生物技术也起到了巨大的推动作用。随着它与物理学、化学、数学及其他各学科的不断交叉、渗透和融合，已逐渐显示出其主导学科的地位。

《义务教育生物学课程标准》是在对我国生物科学教学优点进行传承的基础上，为满足更加重视对学生的发展和社会的需要、更多地体现出生物科学和生物技术的最新发展、更多地将学生现有的生活经验放在心上、更加重视学生的主动性的目标而制定的。我们希望每位学生都能在初中生物课程学习过程中，得到对生物学更深层次的认识，并在将来的工作及研究上，有更多的想法；获得较强的探索、学习和解决问题的能力；树立较强的责任感、科学精神、创新意识和环保意识。

一、课程性质

生物是一门对生命现象及其规律进行科学探索的学科。是农林、医药卫生、环保等相关应用学科的重要组成部分。生物科学在从现象到本质、从定性到定量的过程中，都与工程技术紧密地联系在一起，对社会、经济以及人类的生存和发展有着重要的意义。生物和其他的自然科学一样，都具有同样的特性。它既是一种具有深刻内涵的科学理论，又是一种对科学理论的探索。生物科技的进步，需要大家齐心协力、坚持不懈地探索。它们对生物学科的本质有很大的影响。

初中生物学科是一门体现生命科学基础、体现生命科学实质的学科。该学科不仅可以使学生掌握基本的生物知识，还可以使学生了解生物学家在研究中所持的观点，并了解其解决问题的思路和方法。生物学课程要求学生能够在自己的生活中，通过提出问题、获取信息、寻找证据、检验假设、发现规律等方式，来获得生物学知识，从而培养出自己的理性思考习惯、科学精神、科学态度和终身学习的能力。

生物学科的教学是每一个未来公民都必须经历的一段重要的教学体验，而生物学科的教学成果又是公民素质的重要构成部分。义务教育阶段的生物是一门以提高学生的生物科学素质为目的的综合性学科，也是科学教育中的一门重点学科。

二、课程基本理念

第一，对学生的教育。对初中生来说，生物学是必修的课程，也是能够学好的课程。所以，这门课的设计面向全体学生，着眼于学生全面发展和终身发展的需要。课程的目标和内容，明确了所有学生经过努力都能够达到的基本标准，并且具有很大的弹性，能够满足各种学校的实际情况和学生的学习需要，做到对他们进行个性化的教学，从而使他们能够得到最大程度的发展。

第二，提升生物科学素质。生物科学素质是一个人在参与社会生活、经济活动、生产实践以及个体做出决定的过程中，所需要具备的关于生物科学的观念和科学探索的技能，其中包括对科学、技术和社会之间相互作用的认识，对科学的实质以及对科学的看法和价值的认识。生物学课程的教学目标、教学内容、教学评价等均以培养学生的生物学素质为目的。

第三，提倡探究性的学习。因为生物科学既是大量的知识与理论的积累，又是一种持续探索的过程。科学探索不仅是科研人员开展科研活动的根本途径，而且也是科学教学中的一个主要环节和一种行之有效的方法。这门课程提倡探究性学习，力求转变学生的学习模式，让学生对科学的实质有更深刻的认识，并指导学生积极参与、勤于动手、积极思考，逐渐提高学生对科学信息的搜集和处理能力、获取新知识的能力、分析和解决问题的能力，还有交流和合作的能力等，强调对学生的创造力和实践能力的培养。

三、课程目标

学生通过本课程的学习，应该达到以下目标。

（一）掌握生物学基础知识，形成基本的生命观念

学生应获得生物体的结构层次、生物的多样性、生物与环境、植物的生活、人体生理与健康、遗传与进化等方面的基础知识；初步形成生物学的结构与功能观、物质与能量观、进化与适应观、生态观等生命观念；能够应用生命观念探讨和阐释生命现象及规律，认识生物界的多样性和统一性，认识生物界的发展变化，认识人与自然的关系等，初步形成科学的自然观和世界观；能够应用生命观念分析生活中遇到的一些与生物学相关的实际问题。

（二）初步掌握科学思维方法，具备一定的科学思维习惯和能力

学生能尊重事实证据，能够运用比较和分类、归纳和演绎、抽象和概括、分析和综合等思维方法认识事物，解决实际问题，初步形成基于证据和逻辑的思维习惯；能够进行独立思考和判断，多角度、辩证地分析问题，提出自己的见解；能够对他人的观点进行审视评判、质疑包容；能够运用科学思维，探讨真实情景中的生物学问题，参与社会性科学议题的讨论。

（三）初步具有科学探究和跨学科实践能力，能够分析解决真实情景中的生物学问题

学生能够从生物学现象中发现和提出问题、收集和分析证据、得出结论。综合运用生物和其他学科的知识、方法与实验操作技能，采用工程技术手段，通过设计、制作和改进，形成物化成果，将解决问题的想法或创意付诸实践，逐步形成团队合作意识、坚持不懈的探索精神、实践创新意识、审美意识和创意实现能力。

（四）初步确立严谨求实的科学态度，乐于探索生命的奥秘

学生初步理解科学的本质，能以科学态度进行科学探究；面对各种媒体上的生物学信息或社会性科学议题，做到不迷信权威，不盲从他人，能对自己或

他人的观点进行理性审视，尊重他人的观点；乐于探索自然界的奥秘，关注生物科学和生物技术的新进展及其对个人和社会发展的促进作用。

（五）树立健康意识和社会责任感，能够强身健体和服务社会

学生能关注身体内外各种因素对健康的影响，在饮食作息、体育锻炼、疾病预防等方面形成健康生活的态度和行为习惯；能够基于生命观念和科学思维，破除封建迷信，反对伪科学；理解科学、技术、社会、环境的相互关系，参与社会性科学议题的讨论；初步形成生态文明观念和知识，成为健康中国的促进者和实践者。

四、课程内容

（一）生物体的结构层次

生物体具有一定的结构层次。细胞是生物体结构和功能的基本单位。细胞的分裂、分化和生长是细胞重要的生命活动。细胞经过分裂和分化可以形成生物体的各种组织，功能不同的组织可以形成器官，共同完成某种生理功能的器官可以形成系统。多细胞生物体依靠器官（系统）之间的协调配合，进行正常的生命活动。

通过本主题的学习，学生能够从微观和宏观两个尺度认识生物体的结构层次，初步理解细胞的多样性和统一性，初步形成结构与功能、部分与整体相统一等观念，逐步形成科学的自然观。

（二）生物的多样性

地球上的生物是多种多样的。依据生物之间的相似程度，可将生物分成不同的类群。生物与人类的生活关系密切，生物的多样性对维持生态平衡具有重要作用。

通过本主题的学习，学生能够认识到生物种类丰富，不同的生物在形态和结构上既有相似之处，又有差别，进而认识到生物具有多样性和统一性。同时，本主题的学习还有助于学生形成保护生物多样性的意识和行为习惯，增强社会责任感。

（三）生物与环境

生物的生活离不开环境，同时生物又能适应和影响环境。生物与环境保持

着十分密切的关系，并形成多种多样的生态系统。生态系统自我调节的能力是有限的，人类活动可能对生态环境造成一定的破坏，维护生态平衡对于人类的生存和发展具有重要意义。

通过本主题的学习，学生能够运用系统与整体的思维方式认识生物与环境的相互关系，认同山水林田湖草是一个生命共同体，形成热爱自然、敬畏自然的情感，树立人与自然和谐共生的生态观，确立生态文明观念。

（四）植物的生活

植物分布广泛，直接或间接地为其他生物提供食物和能量；植物参与生物圈中的水循环，维持生物圈中的碳氧平衡。植物对生物圈的存在和发展起着决定性作用。

通过本主题的学习，学生能够理解植物生命活动的基本过程和原理，运用这些生命活动原理分析、解释、解决生产生活中的某些实际问题，并从物质循环和能量变化的角度阐明植物在生物圈中的重要地位。

（五）人体生理与健康

人体具有多个系统，各系统相互协调与配合，共同完成各项生命活动。人体健康是生活质量的重要保障，良好的行为习惯对机体健康至关重要。

通过本主题的学习，学生能够从系统、器官等不同的结构层次认识人体的结构与功能，初步形成结构与功能相适应的观念。了解传染病的危害；理解人体免疫的基本原理；认识到遵守社区、地区和国家的相关防疫要求，有助于传染病的防控，增强社会责任意识。通过对传染病和免疫、医药与急救等知识的学习，认同生物学及医学伦理观念，养成健康生活的态度和行为习惯。

（六）遗传与进化

生物的生殖、发育和遗传是生命的基本特征。植物、动物和人通过生殖和遗传维持物种的延续。生命的起源和生物的进化是生物学研究的重要领域。以自然选择学说为核心的生物进化理论，解释了生物多样性的原因。

通过本主题的学习，学生能够理解遗传信息与生物性状的关系，以及遗传信息可以在亲子代之间传递；逐渐形成生物进化的观点；能够正确认识转基因技术在生产生活和社会发展中的作用。

（七）生物学与社会·跨学科实践

本主题包括模型制作、植物栽培和动物饲养、发酵食品制作三类跨学科实践活动。通过本主题的学习，学生能够认识生物学与社会的关系，能够理解科学、技术、工程学、数学等学科的相互关系，并尝试运用多学科的知识和方法，通过设计和制作，解决现实问题或生产特定的产品，发展学科核心素养。

第二节　教学模式

一、教学模式的定义

所谓的教学模式，就是指在某种教育思想或教育理论的指引下，形成的一种比较固定的、具有一定规律性的教学活动的组织架构和活动过程。它强调从总体上对整个教学过程以及各个因素的内在联系与作用进行全面的认识；在"活动过程"中，强调了其中的"有序"性与"可操作"性。

任何一种教学模式，都是以某一特定的教学目标为中心设计的，并且，要想每项教学目标都高效地实现，就不能采取所谓可以普遍应用于不同教学过程的模式，也就是说没有一个所谓"最好的"教学模式。最佳教学模式仅可针对一个教学目标而言，其评判准则是：在某种条件下，能够实现某种教学目的的最佳教育方式。在进行课堂教学时，要充分考虑各种课堂教学方式的特征与表现，注重课堂教学方式的方向性。作为教学实践和教学理论构思的融合，教学模式具有一套完善的结构和一系列运作要求，表现出理论上的自圆其说和过程上的有始有终。

教学模式是对众多教育实践行为的理论总结，从某种意义上说，它反映出教育行为所具有的普遍规律。通常，这种方法没有特定的主题，其所提供的方法只是一种通用的方法，而且是一种固定的方法。但是，教学模式是以某一种理论或教学思想为基础而提出的，而某一种教学理论和教学思想又属于某一社会，所以，教学模式是在某一特定的社会政治、经济、科学、文化、教育的水平之间，始终存在着某种关联，并受到教育方针和教育目的的约束。所以，这个稳定也是相对而言的。

二、教学模式的演变

现代教育科学建立起其独立的学科体系后，"教学模式"的观念和理念一直到 20 世纪 50 年代之后才出现。但从中国与西方的教育实践与教育理论来看，教学模式早已存在。

在古代，教学的典型方式是传授式，它的结构是"讲—听—读—记—练"，其特征是：教师灌输知识，学生被动、机械地接受知识，书中的文字与教师的讲解基本一模一样，学生对答也与书本或教师的讲解一样，学生是机械地重复来进行学习。

17 世纪，由于在中小学教学中引进了自然科学和直观教学，实行小班授课，所以夸美纽斯认为，"应该把讲解、提问、问答、练习统一在课堂上，并把观察等直观行为融入教学中"，第一次将"感觉—记忆—领悟—判断"这一过程的教学方式确立下来。

19 世纪，科技实验兴旺繁荣。赫尔巴特的学说很大程度上体现了这一时期的科技发展趋向。他从统觉论入手，对人的心理活动进行研究，认为学生在学习的过程中，只有当新经验与已经构成心理的统觉团中概念发生联系时，才能真正掌握知识。因此，老师的工作就是为学生挑选合适的教材，并制定合适的步骤来帮助他们建立自己的知识环境。在此基础上，他又提出了"明悟—关联—体系—方法论"的四步式教学模式。后来，其弟子莱因，将其归纳为"准备—暗示—结合—概括—运用"的五步法。

19 世纪 20 年代，伴随着资本主义产业的发展，个性发展的理念在人们心中普及，赫尔巴特所倡导的传统教育方式遭到严重的冲击[1]，杜威的"实用"教学理念随之出现，并在此基础上推动了这一理念的进一步发展[2]。杜威在"做中学"的教学理念下，倡导以学生为本、以实践为本的教学理念。该模式以"情境创建—问题确认—数据获取—假定产生—假定验证"为基本步骤。该方法突破传统的单一性，在突出"赫尔巴特"理论的基础上，突出"以人为本"的学习方式，突出"以人为主"的特点，注重通过"活动"的方式培养学生的"发现性"和"求知性"，提高其"求知欲""求真"等方面的综合

① 严运锦，韩亚伟. 赫尔巴特教育目的实现途径的再审思 [J]. 天水师范学院学报，2022，42 (6)：103 - 111.
② 李小鹏. 对杜威实用主义教学思想的再认识 [J]. 江西教育学院学报，2007 (5)：43 - 45.

素质，为现代教学模式提供了一条新的途径。

20世纪50年代以来，由于科技的不断进步，新的科技变革对教育工作者提出新的要求，要求他们运用新的理念和方法来探讨、解决当前的教育与教学问题。在现代心理学和思维科学中，人们对人脑活动机理进行了揭示。在发生认识论中，人们对个体认识过程进行了概括。在这些方面，认知心理学对人脑接受和选择信息活动进行了研究，尤其是系统论、控制论、信息加工理论等的出现，都对教学实践造成了深远的影响，同时也给教学模式带来了很多新的问题。为此，在这个时期的教育界，涌现出众多的教学理念与理论。在这种情况下，很多新的教学方式也随之出现。

三、教学模式的发展趋势

(一) 单一教学模式向多样化教学模式发展

赫尔巴特创立了"四段论"这一理论体系，这一体系在他的弟子们的不断探索与发展下，逐步被冠上"传统型"的称号，并在20世纪中期逐步占据主流地位。接着，杜威又颠覆常规地倡导一种"实用"的教学理论。从20世纪50年代开始，它就不断地在"传统"和"反传统"两个词中摇摆着。根据乔伊斯和韦尔的研究，目前已有23种不同的教学方式，而国内已有十几种教学方式。

(二) 归纳型向演绎型教学模式发展

归纳型是一种以经验为基础，以经验为出发点来进行总结、归纳的教学模式。演绎型教学模式就是从一种科学理论假设入手，推导一种教学模式，并通过严谨的实验来验证其有效性。其出发点是从一个假定到一个思维的发展，是一个推论。从实践工作中得出的归纳式教学方式，难免存在一些不确定因素，有的还无法自圆其说；而演绎型的教学方式则有其自身的完整系统，具有较强的理论依据。

(三) "教"为主向重"学"为主教学模式发展

在传统的课堂教学中，往往从"老师怎样教"的观点出发，而忽略了"学生怎样学"的问题。但是，杜威"反传统"的教学方式，使得我们意识到，在教育方式上，应该以"学生"为中心，由此开启了对教学方式的探索。

强调在课堂上发挥主体作用，强调学生在课堂上的主体地位，强调学生在课堂上的积极主动性，按照课堂要求对"教"和"学"进行科学的安排，是当前课堂教学的发展方向。

（四）教学模式的日益现代化

在对新的教学方式进行探索的过程中，更多的是对新的教学方式的引入和应用。一些教学方式已经开始应用计算机等现代科技的成果，提高教育方式的科学性，并对现有的教育方式进行合理的设计。

第三节　创新思维

一、"创新"的内涵

"创新"，在英文中是"innovation"，意思是"更新、改变、创造"。《辞海》中的"创"一词，意为"创始""创造"；而对于"新"一词，则是从"旧"一词开始阐释的。这两个词，都是指打破旧的东西，开创新的东西。《现代汉语词典》中对"创"一词的诠释为"弃旧而创新"，这一说法均诠释了"创"与"新"两个含义。

"创新"这一术语在世界范围内已被广泛公认，它来自奥地利经济学家约瑟夫·熊彼特[①]1912年所著的《经济发展理论》一书。熊彼特在该书中第一次清晰地定义了"创新"这个概念。熊彼特指出："创新和技术创新是一回事，创新是把新的思想和方法引进到一种新的经济行为中，使各种生产因素进行新的结合，并把它划分成产品、工艺、市场、材料和管理等多个层面。"熊彼特对"创新"的认识，在很大程度上是从经济角度来看的。从那以后，许多学者和专家对"创新"的探讨都沿用了这个说法。

在中国的历史长河中，也曾经有过"创新"这个名词。举个例子，《南史·后妃传·上·宋世祖殷淑仪》中有这样一句话："据《春秋》，仲子非鲁惠公元嫡，尚得考别宫。今贵妃盖天秩之崇班，理应创新。"这里，"创新"两个字，就是指开创或者创造一些新的东西。《魏书》六十二册中说："革弊

---

① 郭雁冰. 熊彼特的经济发展理论及启示［D］. 大连：东北财经大学，2010.

创新者，先皇之志也。"这都说明了"创新"一词在传统文化中的特殊意义。

关于"创新"的含义，中国近代不少学者也都有各自的看法。比如龚春燕，他说："创新意味着抛弃老东西，开创新东西，意味着能够给人类的文明和发展带来有价值的全新东西。"李星驰相信"革新是人类对某一事物进行全面或局部的革新与发展的一种行为及其成果"。创新和创造性既有相同，也有差异之处，创新性强调首创性和新颖性，而创造性强调最优化、进步和高效。但是，创新和创造在一定程度上是可以互相替代的，特别是在教育方面，比如创新能力和创造能力、创新思维和创造思维。齐健先生主张"新颖是创造的根本特点"。另外，很多学者和专家都对"创新"进行过阐释，他们都认为，"创新"指的是"打破旧有，推陈出新"，并强调"新"和"首创"。

白月桥先生主张："创新是具有创新个性的主体通过对事物的探索和尝试，使事物发生变化，从而推动事物的发展。而变革则是基于实践而进行的一次又一次的实验和累积，并及时地产生一次又一次的质变。其特点是实验性、革命性和实践性。"[①]

二、"创新思维"的内涵

要厘清"创新思维"这一内涵，就必须从"思维"这一内涵入手。白月桥指出："思维是人类大脑对客观世界的普遍性质、普遍规律进行的一种直接的总结和反应，因而，这种总结和反应是一切思维形态最基本、最主要的特点"；龚春燕先生指出："思维是一个认知的过程。思维，即以表象和概念为基础，运用分析、综合、判断和推理等认知的过程。"（《现代汉语词典》）他们都认为，人的思维是一种理性的认知过程，是一种间接的、笼统的反映，是一种对客观世界的内在规律性的反映。

黄慕洁在其著作《白月桥》中提出"创新思维"这一理念："创新思维就是在创作中所表现出来的一种思考模式。从广义上讲，创新是指科学家和发明家在创造新的产品、成果和结论时所表现出的一种社会价值。而我们所谓的创新思维，实际上就是'年轻人的创新思维'。"笔者以为，在黄慕洁、白月桥看来，"创新思维"与笔者所讨论的"创新思维"大致相同。而黄慕洁与白月桥着重于"青年学生"的创新精神，即"举一反三""闻一知十"，用探索与

---

① 张玉莹. 白月桥历史教育思想研究 ［D］. 长沙：湖南师范大学，2016.

创新的方式来看待知识，并在能力范围内寻求知识，注重学生的探索与创新精神。在李星辰看来，"创新思维"就是一种打破常规，用新颖独特的方法来处理问题的思考行为。根据笔者所收集到的有关材料，大多数的学者都认为，"创新思维"是一种用新的观点和态度来处理和创造问题的认知方法。

笔者以为，创新思维是一种以人为主体，在多种方式的共同作用下，形成的积极主动地、创造性地去发现新东西、去产生新观点、去解决新问题的一种思维方式。创新思维有别于重现思维，重现思维指的是对已有的知识进行反复的记忆和应用，而创新思维指的是对已有的知识进行灵活的应用，并对其进行进一步的提升，它不会故步自封，也不会因循守旧，更不会陷入陈腐的泥潭之中。

第四节 教学方法

生物学是一门将生命世界作为研究对象的自然科学，它所包含的知识点十分丰富，包括与生物特征和生物圈有关的知识，也包括生物体结构层次的有关知识，还包括生物圈中绿色植物、人及其他生物的研究，同时也包括生物圈中生命的延续和发展。在教学过程中，要尽量使学生获得更多的知识，同时要使学生的情感态度得到发展。所以，中学生物学教师要采取多种方式提高学生的学习兴趣，使他们在有限的课堂上得到更大的发展和提高。

一、初中生物教学方法之导学案教学

任何事情都要提前做好准备，因此，在课前进行预习十分关键，只要有好的预习和独立学习的习惯，学生就可以在上课之前对所要学习的生物基础知识进行一个初步的建构，并可以根据生物体的特点进行相关的思考和归纳，从而可以更好地参与到课堂的教学中来。在传统的课前预习过程中，学生通常都是在阅读课本的过程中认识生物特征及其规律，许多学生认为只要能读懂这些文字，就可以理解其中的要点，但是在做一些具体的题目时，他们就会出现一些错误。所以，教师可以在课前结合教学内容，设计出相应的导学案，让学生在导学案的帮助下，进行相应的学习活动。

就拿"血液"这一节来说，大部分中学生都认识血液，但并不是所有人都了解血液的成分和作用，也不是所有的中学生都能了解血液的含义。在导学案中，教师要对血液循环系统的组成进行清晰的描述，让学生理解贫血、发炎、血清的概念，并对血细胞的形态、数量和生理功能等进行了解。在导学案中，教师可以用提问的方法，让学生自主探究，并在课下收集血常规的化验单，让其亲自观察一些血液的分层图，从而让学生初步构建红细胞、白细胞、血红蛋白和血小板的知识结构。接下来，教师要指导学生自己归纳出血浆的组成和作用，并引导学生去想会出现贫血的原因等。

在教学中，教师要引导学生就课前预习进行分享，通过语言交流，分享自己对血液的理解，分享自己不能解答的问题。教师要检查学生的课前预习情况，检查学生的知识点总结情况。对于课前预习很好的学生，教师要给予充分的认可，对于一些敷衍课前预习的学生，教师要对其进行督促和引导，以便让每个学生都能在课前做好充分的准备。

二、初中生物教学方法之实验探究

在生物学中，实验是基础，是研究和了解许多生命现象和生物特征的重要组成部分。

首先，要在教学中强化示范实验。许多生物实验都需要特定的器材、材料和环境，因此，有些学校不具备让每个学生都进行实验的条件，并且，许多生物实验的周期都比较长，可能要一个月以上。所以，教师要创造条件进行相关的示范实验，让学生在实验观察、分析、判断与总结中，培养出一定的科学素养。以"细胞的结构"为例，该节所介绍的一些特殊的实验项目有洋葱鳞片叶的表皮细胞、人的口腔上皮细胞等。例如，洋葱鳞片叶的表皮细胞，教师可以事先准备好洋葱表皮细胞，做好临时切片，并将其放在适当的位置，调节好显微镜，再鼓励学生去观察。

其次，在教学过程中，教师要指导学生进行相关的研究和探索。许多实验在学生看来都是非常容易的，可是在实际的操作中，有可能产生各种问题。并且，亲自动手操作会给人更深的印象，所以，在有条件的情况下，教师还是要指导学生自己做相关的实验。就拿洋葱的表皮细胞来说，每个人都要自己做一块洋葱的表皮细胞，然后在显微镜下进行实验。尽管学生已经看过教师的示范实验，但在他们的实验探索过程中，仍然会有一些问题。

三、初中生物教学方法之多媒体课件

当今社会的发展方向是教育信息化，以信息技术为基础的多媒体课件，可以在很短的时间，将海量的知识内容展现出来，从而对知识的展现方式和学生的学习方法产生影响，并且与当代中学生的学习特征相结合。所以，教师可以将多媒体课件和初中生物的知识有机地结合起来，来提高课堂的教学效果。

首先，利用教学软件辅助教学，使教学过程中的重点和难点得到有效的解决。在教学过程中，重难点指的是需要学生付出比较多的时间和努力的学习内容，它是有一定难度的。所以，教师可以利用多媒体课件所具有的直观性与便捷性，在有限的课堂时间中，指导学生有效地突破重难点。

其次，在教学过程中，利用各种多媒体教学工具，对学生进行个性化的教学。班上的学生是有个体差别的，有的学生对生物体的结构层次很有兴趣，有的学生对各种各样的植物很有兴趣，有的学生对各种各样的动物很有兴趣，有的学生对生物的分类和鉴定很有兴趣。哪怕是同一门课程、同一位教师，不同的学生掌握到的知识内容也是不一样的。

四、初中生物教学方法之小组合作

当今的社会，由于劳动分工更加细致，因此人们的相互协作和沟通就变得十分重要。在初中生物课堂上，小组合作指的是学生在教师的带领下，以特定的学习内容为中心，进行互动交流，并在合作交流中相互启发，一起探索知识的探究过程。

首先，就是以小组为单位的班级活动。对于一个知识点，不同的学生会有不同的思维、认识思路和语言表达方法。在小组协作的教学方式中，学生之间可以相互沟通、相互促进，从而使教学内容得到最大程度的优化和整合。比如，在"食物在胃肠内的消化"一课中，教师可以带领学生对人体器官进行分类，包括口腔、唾液腺、咽部、肝脏、胃部、胰脏、大肠、小肠、肛门等。每个组的学生都要进行一些归纳和分析，学生可以绘制出对应的图表，然后一起对它进行最优组合。

其次，就是课堂之外的团体活动。在生物学课程中，包含大量的知识，而且这些知识比较零散。例如，在"血液"这一节课中，就有多个关于红细胞、

白细胞、血浆、血清等的概念。除此之外，还包括血型和输血等基础知识。这就导致在课堂上，师生能够进行的交互活动是十分有限的，而且有许多问题都是要学生在课下进行研究的，教师可以指导学生，在课后利用小组协作的方法，对它们进行深入的研究。

五、初中生物教学方法之竞赛活动

竞赛活动可以创造出一种紧张、激烈的气氛，在生物学课堂上的竞赛也可以让学生发挥出自己的潜能，增强他们对基础知识的理解和记忆。所以，可以通过多种形式的竞赛，让每个学生都能以积极、饱满的状态参与到竞赛中来。

首先，教师可以在课堂上进行一场"抢答比赛"。也就是教师随机提出一些简单的问题，然后让学生用抢答的方法快速地说出自己的答案，这样才能更好地激发每个学生的表达意愿。

其次，教师可以在课堂上进行一些书面比赛。也就是，教师可以用黑板、多媒体课件，甚至是试卷的形式，将难度较大的题目展现出来，之后鼓励学生回答。例如，教师可以把一个人体形状画在一张纸上，并用箭头把它点到某个部位，让学生去想这个部位的名字和它的作用。在比赛过程中，教师也要根据学生的实际情况对其进行评估。

最后，教师可以组织学生进行综合性的比赛，综合各种形式考查学生多方面的知识。

第二章　初中生物教学模式与创新思维

第一节　创设情境，引导创新思维

一、情境教学的内涵界定及理论依据

（一）相关概念的界定

1. 情境的界定

美国社会学家托马斯于 1918 年在他的《欧洲和波兰的美国农民》一书中第一次使用"情境"这个术语来描述行为主体与其所处环境的相互影响。[①]《现代汉语词典》将"情境"界定为"情境"和"境地"。《辞海》将"情境"划分为三种类型：一是现实中的情境，即人的身边有其他的人或团体；二是想象的情境，在意识中的他人或群体，两者之间透过不同的媒体和事物的载体进行互动；三是隐喻情境，是一种象征含义，包括在他人或一个团体的行动中。"情境"，从广义上讲，是一种对某一学习主体产生影响并引起某种情感响应的客观条件；在狭义范围内，它是指在课堂的教学情境中，教师创造的能够激发学生学习兴趣的生动、具体的情境，这些情境对学生产生影响，从而引发他们的正面情感响应，使之融入课堂，进而领悟知识、陶冶性情。

情境教学关键在于"情境"。尤其是在新的课程理念中，"以学生为中心"的情境，主要是指按新的课标，以教材的内容为依据，创造出一种可以缩短学生所处的学习环境与实际生活之间关系的情境，可以有效地激发学生的情感、意志、态度和动机，让原本抽象的理论更加生动，让情感的体验更加丰富。"情境"在生物学教学中的应用，主要是指在生物学课堂上，学生在对生物学知识的认识过程中所体验的各种情境。

---

① 冯梓璇. 演化论与自然法：试论社会生物学对托马斯主义的支持与挑战 [J]. 伦理学术，2022，13（2）：260－274.

2. 情境教学的界定

"情境教学"就是在课堂上，通过有目的地引进或创造一些富有情感色彩的、以形象为主的、栩栩如生的、形象鲜明的情境，激发出学生某种情感上的体验，进而有助于他们理解教材，促进他们心理机能的发展的一种教育方式。情境教学作为一种教育方式，是师生之间相互交融、相互影响的一种教育活动。

1989 年，布朗、科兰、杜吉德等人在论文《情境认知与学习文化》中第一次引入了"情境教学"这一理念。[①] 知识永远无法脱离其所在的环境而获得，而最佳的学习方式则是在该环境中完成。情境教学是 20 世纪 70 年代后期由李吉林老师首先提出的一种新的概念。在她看来，"情境教学指的是一种教育方式，它指的是老师在进行教学的时候，按照教材的要求来创造情境，努力用一个栩栩如生的、具体的情境来激起学生对知识的渴望，让他们在愉快的情感体验中去领悟教材，获得新知识，从而提升课堂的效率"。

关于"情境教学"的内涵，众说纷纭，各有不同，但在一点上均达成了共识。目前，在我国，大多数学者都将"情境"视为一种在教学过程中，以课程内容为基础，并与教学目标相联系，创造出特定的情境，并开展一系列的教学行为，从而将学生的学习热情完全激发起来，让学生能够积极地参与其中，获取知识，发展能力。

3. 初中生物课堂情境教学的界定

用创造情境的方式，把学生的兴趣、情感、意志等都融入生物学的教学情境之中，缩短生物学的学习与学生的实际生活之间的距离，给学生提供积极参与、乐于探究的方法，为学生分析问题、探求问题、解决问题的能力提供一条新的道路，从而让中学的生物课堂能够取得事半功倍的效果。

（二）国内外研究现状述评

1. 国内研究现状

在我国，情境教学也是从远古发展而来的。其中"孟母三迁"最具代表性。孔子的"启发教学"主张，在"似懂非懂"的情况下，教师应该适时地给学生以启发，从而让他们的思维得以打开。中国最古老也是最完整的一部教育著作《学记》中，"施教"二字被界定为"君子之教喻也"，它表明，通过

---

① 李丰. 情境认知与学习观的变革［J］. 宁夏大学学报（人文社会科学版），2007，29（5）：156－159，168.

创设情境，可以使人更快地融入知识中去。"故君子之教，喻也；道而弗牵，强而弗抑，开而弗达。道而弗牵则和，强而弗抑则易，开而弗达则思。和易以思，可谓善喻也。"这句话的含义是：一位优秀的老师，他在自己的课堂上，对自己的学生要有正确的指导，对他们要有严厉的要求，而又不能让学生觉得自己被压制了；老师要从一个问题开始，激发学生的思维，而不是让学生得到最后的答案。显然，它要求老师在开始的时候，能够给出一个情境，让学生在某一特殊的情况下，打开他们的思路，使他们感受到问题的"通达"。孔子《论语》中有许多有关"情境"教学的事例，孔子在其教学活动中，一直都有"启发"的教学理念。[①] 另外，刘勰的《文心雕龙》也提出："物色之动，心亦摇焉"，"情以物兴，故义必明雅；物以情观，故词必巧丽"，突显了情境与语言的联系。[②]

早在1978年，李吉林老师就已经在小学语文领域进行了"情境式"的探索。他主张："情境教学要以学习者的特征来创造情境；依据教学目标对教学环境进行优化；要利用多种方法，利用情境，以'情'感人，建构知识，发展心智，要使幼儿的情感与学习相结合，要有一个过程，其中蕴含着幼儿的心理历程，首先要做的是开始。若将孩子们的情感比喻为一条'小河'，要想让它荡起涟漪，泛起微波，就必须有一股力量去带动。"这种外在的力量就是李吉林老师所重视的，"美"可以唤起"爱"，以"境"为情感，情境相融，以景为媒的"情"可以打动人心。李吉林老师在三十多年的时间里，一直致力于小学语文的"情境"教学，他对这一问题的理论探索已经日趋完善。现在，随着李吉林老师的倡导，"情境教学"已经从小学语文的范围扩展到所有的学科领域。张志勇[③]教授于2007年发表的《唤醒情感——情境体验教学研究》中，也指出，在教学过程中，应该特别关注"人的主体性"，一个好的课堂环境可以带领学生亲身体验和感悟。可以说，它对我国的教育发展起到了很大的促进作用。

2. 国外研究现状

在西方教育史上，有关"情境"的最早记录是由古希腊著名的教育家苏格拉底所提出的"产婆术"，它是一种典型的"情境"式的教育。苏格拉底在

---

① 唐菀.《论语》中孔子的批评教育观及启示 [J]. 池州学院学报，2023，37（1）：135 – 138.

② 王广州.《文心雕龙》"文情"四句释与刘勰的作品本体论 [J]. 临沂大学学报，2020（5）：69 – 76.

③ 刘云芬. 唤醒情感：中职外贸课堂情境体验教学探讨 [J]. 现代阅读（教育版），2013（9）：24 – 25.

和他的学生讨论问题的过程中，一直在努力地启发他们，通过问答、交流和争论，通过各种暗示性的问题，引导他们通过自己的思维，逐步得出一个准确的结果，从而找到自然中的真相。他注重让学生在错误和矛盾中去经历、去认识、去探寻，在思考中去进行修改，在修改中去获取经验，在经验中去领悟、去认识、去提升自己。这是苏格拉底"产婆术"中的一种，其重点在于创造一个情境，使人产生一种思维，体验一种寻找真相的感觉。

除苏格拉底之外，希腊时代的一些教育家在其教育思想中，也曾对"情境"进行过不少精彩的论述。比如亚里士多德的教育观，就是"在实践中，在活动中，应该使学生获得技能，陶冶性情，培养理性，净化心灵，发展身体和精神"。夸美纽斯在他的教学理论中同样清楚地指出："教育不应该违背儿童的自然天性和年龄特点。"法国著名的启蒙思想家卢梭在他的名作《爱弥儿》中也指出，要让孩子们自觉地在自然界中寻找"无穷无尽的风景""无穷无尽的歌声"，从而"寻找到自己的家"，使孩子们能够在自然环境中，积极地进行研究，并根据自己的经验，寻找到"回家的路"，让孩子们能够在这样的环境中，学会对知识进行有效的应用。[①] 乔纳森在《学习环境的理论基础》一文中也阐述了情境教学的过程，认为"情境是一种能让学习者把所要学到的知识与之结合在一起，然后把它们应用到问题中去，从而把它们变成自己的知识"[②]。

1933 年，美国著名的教育家杜威在其著作《我们怎样思维》中第一次对"情境"问题进行探讨，并将其列为"情境"的最优选择。他认为，"形成反省思维的方法问题，就是要构建一定能激发和引导学生好奇心的各种情境"，建议教师要"研究各种情境"，因为对学生而言，"无论这些情境是她直接感觉到的，或者是她记忆的，都是既定的事实"。杜威认为，"教学的过程就是学生和教师共同探索、欣赏、体验和感动的过程"，他的教育理念是"从做到中学"，这就是"情境教学"的进一步发展。在他看来，"教学就应当是一个向学生提供环境与机会，让他们自己去寻找知识的过程，孩子在他们喜爱的活动中，对教材的研究是乐在其中的，他们在这个过程会有所见、有所感、有所体验"[③]。

---

① 刘黎明，刘筱玮. 试论卢梭《爱弥儿》中的挫折教育观 [J]. 荆楚学刊，2022，23（3）：83 – 89.

② 李妍. 乔纳森建构主义学习环境设计研究 [D]. 上海：华东师范大学，2007.

③ 徐黎. 反省思维及其培养：读杜威的《我们怎样思维》[J]. 思想政治课教学，2014，8（8）：95 – 96.

随着人类社会发展到近代化阶段，人文精神与建构主义思想对"情境"教育提出了新的要求。美国当代人本主义心理学者罗杰斯提出："教师应该根据学生的兴趣、需求、经验和个体的不同，重视学生潜力的发展，重视能力、认知、动机和情感的作用，并通过体验和情感的互动，对孩子的行为进行约束。"①"人本主义"的有关思想，对我们在实践中克服传统的教育缺陷，推动"情境教学"的产生，推动我们的教育发展，都有着十分重要的作用。而"情境教学"概念的出现又与其在构建论教育中的应用有着密切的关系。建构主义主张，不能依靠教师的教导来获取，只有在一定的情境下，学习者才能借助他人的协助，并利用所需的学习材料，以意义建构的方式来获得。"文化历史发展理论"和"最近发展区理论"是皮亚杰在此基础上的创新，它对"情境教学"的形成与发展起着重要的推动作用。②

通过对中外情境教学的梳理，可以了解情境教学在教育史上的地位和作用。所以，对教育环境的重视，其实也就是对人的个性发展、人的心灵世界的重视。虽然不同历史时期和文化背景下的教育者对于"情境"有着不同的理解，但是他们有一个共同的特点，就是深切地关怀和追求教育的本质。

如今，随着对该教学方法的不断探索，有关情境教学的文章也日益增多，它提倡让学生在情境中得到发展的教育理念，与传统的教育方式截然不同。"情境教学"这一理念得到了教育界和心理学家们的普遍认同，也让更多的一线教师加入"情境教学"中来。

（三）研究的理论基础

1. 建构主义理论

建构主义的观点是：认知主体以自身的知识经验为依据，在特定的社会和文化背景下，对新的知识进行加工和处理，从而构建知识表征的过程。在学习过程中，学习者对外部世界的认知与理解经历了"同化"与"顺应"两个过程。在学习过程中，学生是主要参与者，他们通过对外界的"同化"来获得知识。但是，当原有的认知和所处的环境相矛盾时，又会对新的认知进行"顺应"，从而重新构建新的知识结构。这就要求学生根据自己的知识基础，在特定的环境中积极主动地进行知识的建构。

---

① 李晓芬. 基于罗杰斯有意义学习理论培养学生自主学习能力 [J]. 新课程教学, 2022（9）: 89–91.

② 吴文庆. 从最近发展区看初中生物能力的培养 [J]. 考试与评价, 2019（4）: 43.

2. 情境认知理论

杜威"从做中学"是情境认知的基本理念，在其社会学视角下，将情境学习的基本特点归结为"社会实践和社会生活""正当边界化"和"实践社区"等。这意味着，新人虽然可以参加社区的一些边缘化的活动，但是通过与社区的协作和沟通，他可以慢慢地靠近社区，慢慢地朝社区的中心靠拢，最终变成社区的核心会员。情境认识论对课堂教学中各种因素如课堂教学中的"互动"、"互动"和"教学环境"的交融都产生了一定的影响。

情境认知理论认为，在教学设计中要以学生为中心，在教学的过程中，教师要根据学生的实际情况，在真实的环境中进行，要创造出与学生实际经验相似的环境，从而将知识的获取与学生的知识、发展等有机地构建起来。综上所述，情境教育和情境认识论在这一问题上有很大的一致性。

3. 多元智能理论

多元智能理论对智能的界定是：智能是指人们在一定条件下，能够独立地处理问题和进行创造性活动的能力。实行素质教育的基本出发点是多元智能理论，而其实质和灵魂就是在素质教育中所提倡的"面向全体学生"，"在新的情境中，解决问题和创造产品，凸显实践能力，并体现创造性"。

在此基础上，提出了"以人为本"的学习策略。教育部制定的课程标准是实施中学生物学课程的基础，它强调要加强学生的主体性，引导学生的积极参与，充分发挥学生的潜能，培养学生的各种能力。在多元智能理论的指引下，情境教学的中心目的是通过情境来激发学生的兴趣，并在情境中引导他们进行自我学习，从而发挥他们的潜力，推动他们的全面发展。

4. 人本主义心理学理论

人文科学是以"以人为本"为目标的。人文心理学认为，一个好的氛围有助于个人对自己的认识和了解，有助于个人凭借自己的能力去处理问题。以人为本，强调教育不但要让学生获得科学的知识，而且要让学生在一个具有和谐情感和适宜氛围的环境中，学会怎样去学习，要培养学生的独立判断能力、创造力和个性，要激发学生的个人价值感和生命感，从而全面挖掘学生的发展潜力，让学生养成健全的、完整的个性，从而达到"自我实现"的目的。

人文教育的理念为当前情境教育的发展提供了新的思路。在课堂上，在一种洋溢着真诚情感的氛围中，学生应与教师进行对话，努力在积极参与过程中，感受到自我价值的满足，从而在完成学业之后，能够变成一个完整的人、一个全方位发展的人。

5. 有意义学习理论

美国的奥苏贝尔（Ausubel）指出："有意义的学习，是指在学生的认识结构中，新的知识与正确的概念之间，存在着一种自然而真实的关系。"① 在有意义学习的过程中，主体呈现的是学习者认知结构中已经存在的合适概念，而客体呈现的则是要学习的新知识，因此，获取知识就是一个主体和客体在不断交互的过程中，主动建构意义的过程。奥苏贝尔为学生提供了一种以教师为主体的教学方法。"组织者"是一种涵盖范围较广、最清晰、最稳定的引导性教材，因为它一般都会出现在教材的前面，有助于学生确立自己的学习方向，所以它也被称为"先行组织者"。"组织者"这一理念为教师在课堂教学中如何创设教学情境，如何选取教学内容等问题的研究，提出一些新的思路和方法。他还将学习的两个维度分类成有意义的学习和接受学习。按照学习者的学习方式，可以将学习者划分为两种类型：一种是接受型学习者，另一种是发现型学习者。它为在情境教育中如何选择有效的情境教育手段、如何运用情境教育手段，以及如何创造出特定的情境教育手段，提供了一定的理论基础与参考标准。

二、应用情境教学的必要性及可行性

（一）新课程改革的需要

1. 面向全体学生

新的课程改革提出，要想与时代的发展相匹配，就必须"立足于学生适应现代生活和未来发展的需要"，"适应学生个性发展的需要"，"关注每个学生个体的发展"。不论学生的年龄、性别、文化背景、家庭背景有何差异，不论学生对生命科学是否感兴趣，学校和老师都应该给予他们同样的学习机会，让每个学生都可以在学校里得到同样的教育，从而提升个人科学素养。情境教学就是建构主义学习理念的结果。在这种理念之下，它抛弃了"以教师为核心"的传统教学理念，倡导"以学生为核心"，充分尊重学生的各种需求和情感，注重发掘学生的创造性，关注他们的可塑性和差异性，用情境的方式，使生物教室变成一个让学生去触碰和探索生物奥秘、去体验和感悟生物意义的地方，从而让生物教室焕发出勃勃生机。

---

① 聂玉凤. 奥苏贝尔有意义接受学习理论对现代教育的启示 [J]. 牡丹江教育学院学报，2016 (5)：60－61.

2. 提高学生的科学素养

在现代社会中，生物科学是一项重要的、具有可持续发展能力的学科。从生物学的角度来看，生命科学是生物学科中的一个重要分支。科学素质要求学生具备科学的态度与情感，具体表现为：对自然界的好奇与求知欲、科学价值观、科学学习的积极态度；对生物学科的基础知识有较深的了解；能够进行基础的科研探索，能够对问题作出不同的解释，并作出相应的决定。要真正地达到这一目标，就必须要有一种平等的教育理念、要构建一种新型的师生关系、要强化对学生意识形态的宣传、要注重对学生人文精神的培育、要保证所有的学生都能在这一过程中形成良好的科学素养。然而，怎样才能使其成为学生的道德教育理念？情境教学是一种较为有效的手段。创设情境，使学生置身于"境"中，在情境中产生情感，从而引发情感的共鸣。

3. 倡导探究性学习

探究性学习指的是让学生在积极参与的过程中，通过对问题的探索来获得相关的知识，从而理解科学家的工作方式和思维模式，掌握科学研究所需的各项技术，从而理解科学理念，培育科学精神。这种学习方法是一种从根本上改变传统的教学方法，让学生从老师说什么就听什么、老师让做什么就做什么的消极学习者变成积极的、主动的学习者。在建构主义的学习理念下，情境教学能够营造出这种气氛，使学生能够活动起来，思维活跃起来。

（二）新课程改革为情境教学在生物教学中的应用提供了可行性

1. 新教材为情境教学在生物教学中的应用提供了可行性

新一轮课改的深入、新一轮教科书的普及，为情境教学开辟了一片新的空间。新的教科书一改以往严谨有余、活泼不足的排版方式，以真实的例子为出发点，充分调动学生的情感，让教学内容生动有趣、引人入胜。新教材在将知识和能力融合为一体的同时，在编制方式上也注重追求新和活，在教学内容和内容的排序上尽量接近学生，与他们的认识规律相一致，呈现出情境教学的明显特点，具体体现在以下两个方面。

第一，图片和文字都是情境教学中不可或缺的客观材料。在教材中添加了更多的图片和更多的专栏，并以这些内容为依据，从观察与思考、小调查、技能训练、资料分析、探究实验、进一步探究实验、科学技术社会、模拟制作、观察、科学家的故事、模拟实验、课外实践等角度进行整合，让教科书更加丰富。将观察、调查、实验、探究、模拟等环节融入教材，既赋予教材"教学生命"，又赋予教材生动活泼、引人入胜的特点，为情境式教学开辟了道路。

在教科书中，每一个专栏，每一幅图画，都为学生营造了一个生动的情境，教师可以随心所欲、稍加渲染，就可以变成一个可以激起学生情感的小情境。通过图画和文本的对比，提高了学生阅读的兴趣。

第二，把场景设在学生的日常生活中。新课标提出，要"把课堂设在一个与自己相熟的生活情境中"。举例来说，在刚进入学校时，请学生去调查校园、社区或农田里的物种，选择的正是学生所熟知的生活场景。在探究实验——"光在鼠妇生命活动中的作用"中，所选取的探究对象鼠妇为我们常见的小型昆虫。因为对实验内容的了解，让他们更容易理解，更容易接受。而且，学生刚刚告别小学生活，进入中学生活，由于有很多新的东西接触，所以不会让他们觉得"老生常谈"。在这种条件下进行情境式的教学更有利于调动学生的情感。因此，在新的教科书中，情境式的教学方法是可行的。

2. 教学技术的发展为情境教学在生物教学中的应用提供了可行性

在生物学的教学过程中，存在着一些具有很高的理论性，并且比较微观和抽象的内容。仅仅依靠文字的表达，很难取得令人满意的教学效果。但是，利用多媒体技术，可以将抽象变为具体，做到图文并茂，动静结合，这对学生更多更好地获得有关客观事物的规律和内在联系的知识有很大帮助。在此基础上，提出了构建生物学课堂情境的设想。

三、初中生物情境教学与各因素之间的关系

(一) 教师角色的重塑与实施情境教学之间的联系

情境教学需要对教师的角色进行更高的定位，因此，教师对初中生物学科的整体认知是否全面、是否善于创造课堂气氛、是否具备个人教学风格的特色等，都会对情境教学在初中生物课堂上的实施效果造成直接的影响。身为一名中学生物教师，要尽力打造出自己独有的教学方式，对情境教学进行深入探索，提高学生的自信心，创建一个民主和谐的生物课堂，要宽容并接受学生的各种观点和意见，要站在课堂改革的高度上，真正地重新塑造自我角色。一个生动的教师形象，可以有效地营造出一种学习氛围，从而能够调动起学生的学习热情，并以他们的特征、已有的经验和生活背景等为基础，创造出一种以学生层次为基础的环境，还能灵活地、果断地处理好学生在课堂上遇到的问题。教师要做到循循善诱，因势利导，才能确保情境教学的成功。

另外，一个已经完成角色重塑的教师，不管是一个鼓励的眼神，还是一个

富有感染力的行为，都可以在一个特定的环境中，成功地激起学生的兴趣。所以，要实现初中生物课堂情境教学，一个重要的因素就是要对教师的角色进行重构。但是，这对于教师自身的能力和所要做的工作来说，无疑是有很高的要求的。所以，这也是为什么直到现在情境教学在实践中仍然存在许多问题。

（二）学生的特点与实施情境教学之间的联系

情境教学的应用领域非常广泛，特别对好奇心强、精力旺盛、情感丰富的初中生更是如此。因为初中生的思维层次得到了提升，他们已经具备了一定的分析和解决问题的能力，所以，教师可以根据这一特征，及时地对他们进行情境的启发，并对他们进行有效的指导，这样就可以增强他们对学习的热情，让他们能够更好地发挥自己在知识构建过程中的积极作用。要在教学过程中，有效地创造出和自己经历相同的情境，激发学生主动去解决问题、去细心地进行观察，从而提升他们的技能，并使他们的个性得到发展。

（三）学科特点与实施情境教学之间的联系

生物是一门对生命现象和生命活动规律进行科学探索的学科。随着生命科技的飞速发展，生命科学在世界范围内得到越来越多的关注。所以，当今的初中生物学，主要是让初中生学习生物知识，学习生物学科应用原理，提升生物科学素养，培养学生良好的生活习惯。在教学的过程中，如果教师能够向学生提供与生物学、学生生活密切相关的、具有丰富内涵的环境，让学生能够将生物学科的优点完全地展现出来，就会让学生更加热爱自然、热爱生活，从而对自身的可持续发展产生积极的影响。

（四）创设情境的素材资源与实施情境教学之间的联系

对情境创设的材料进行高效的收集是在中学生物课堂中进行情境教学的前提条件。在对材料进行采集的时候要注重直观性，要以学生的认知结构和思维特征为依据，收集对学生发展具有促进作用的、具有正面意义的材料。例如，可以在收集生产实践、生物技术、社会热点问题及各种科学家故事等材料的时候，及时地创建出一个教学情境，并通过与学生的认知冲突来激发他们的思维活动，这对在中学生物课堂中实现情境教学具有很大的帮助。

四、初中生物课堂情境创设的策略

（一）初中生物课堂情境教学的设计策略

情境教学指的是由教师所设计的一系列的教学活动，利用丰富多样的情境，对学习者进行多方面的激励，激发他们的思维，从而发掘出他们的主体潜力，推动他们主动进行探索，让他们能够积极地去认识特定的物体。所以，在中学生物课堂情境教学中，要注意情境的真实性、问题性、探究性、生活性的问题设置，要科学地、有针对性地利用多媒体，尽量给学生带来生动、具体的感性知识，为他们架起一座通向理性知识的桥梁，促进他们在学习中的形象思维和抽象思维的平衡发展。

1. 真实性情境教学

以真实情境为基础的情境教学，因其具有真实的情境和形象直观的特点，更易于引起学生的关注，尤其有助于他们认识和记忆诸如生物构造等具体事物。将学生引入现实的环境中去，去了解一些特定的东西，在学习生物知识的过程中，还能够提升他们的学习兴趣，拓宽他们的知识面，从而增强他们对生物知识的感性认知。比如，教育家苏霍姆林斯基常常将学生带入大自然中，而大自然正是中学生物教学中最大、最好的真实环境之一，在这样的真实环境中进行教学，能够增强学生的直观体验和感知，对学生的应用意识和实践能力都有很好的帮助。

2. 问题性情境教学

发现问题、提出问题、分析问题、解决问题，就是一个从问题中获得知识的过程。在中学生物课堂情境教学过程中，教师以课程内容为依据，有目的地创造出与学生认知特征相一致的问题情境，从而构建出一个悬念，可以指导学生在动脑思考、主动探索、实践体验等过程中，生成问题、解决问题，从而让他们能够进行充分的思考，在思考过程中对知识进行掌握并将其运用，培养其思维能力和创造力。

3. 探究性情境教学

生物是一门研究生命现象和生命发展规律的自然科学。在中学生物的课堂上，通过创造能够让学生主动参与、主动探索的环境，可以增强他们的探究意愿，培养他们的探索能力，从而得到自己的亲身体验。在探究性的情境教学中，教师应该让学生在探究中进行观察、实验、推测、归纳、推理、演绎、交流，从而使学生在探究的过程中，能够对生物学科的知识有一个正确的认识，并对它的技能有一个正确的把握，对它的思想有一个正确的认识。情境探究性教学能够充分调动学生的主观能动性。

4. 生活性情境教学

在新课标中，要用学生所熟知的生活环境来创设情境。生动活泼的情境教学可以赋予课堂生命。在教学过程中，教师应该擅长将知识和学生的生活联系在一起，将生物学习的问题回归生活原型和活动的场景之中，这样可以充分激发学生的求知激情，并对他们根据所熟知的现象与某些生物知识、方法、规律联系起来的这一能力进行培养，从而提升中学生物课堂教学的效果，这有助于学生解决生产生活中的实际生物问题。这是初中生物生活性情境教学的特点。

5. 多媒体情境教学

伴随着现代科技的持续发展，在中学生物情境教学中，现代化手段也是必不可少的一环，尤其是对于一些无法在课堂中创造出真实情境的内容，多媒体课件的灵活性就能发挥作用。通过将声音、视频和图片相结合，将生物科学中最原生态的一面向学生展现出来，使其形象更加逼真、更加直观、更加生动。多媒体情境教学可以为学生创造一个愉快、轻松、充满魅力的初中生物课堂，通过学生的看、听、说等多种感官，多角度地去感知生物科学，这对学生的思考和智能的发展起到促进作用。在面对多媒体模拟的具体形象时，学生可以将真实的情境和已积累的经验主动地进行关联，产生联想。总之，在中学生物学教学过程中，采用多媒体情境教学可以让教学内容更加丰富、更加生动。

（二）初中生物课堂情境教学的实施策略

1. 问题情境教学策略

在课堂上，质疑可以引发学生的认识碰撞，活跃他们的思维，促使他们积极地进行思考。在中学生物教学中，如果教师能够将所要解答的问题巧妙地融入不同的生活情境中，并自觉地引导学生运用所学的知识去解答情境中的问题，就能够激起学生的好奇心，让他们在活跃的思考过程中，自觉地去探索问题，培养他们的能力。因此，设计问题情境式的课堂教学具有重要的现实意义。

在课堂上，要适当、适时地创设一个由浅入深、从具体到抽象、从现象到本质的问题环境，在学生学习的时候，可以用问题来刺激他们的热情和创造力，让他们能够积极地参与到思考中去，这样可以使他们既掌握生物学知识的实质，又提高批判性思维能力。

（1）运用生活化的素材，创造一个问题情境。

生物技术在现代社会中的飞速发展，使得生物科学在现代与人们有着密切的联系，而生物课程的教学目标就是让学生能够在未来的某一天，将其应用到现实生活中去，从而对我们的生活起到一定的指导作用。在初中生物课堂中，老师可以有目的地将一些耳熟能详的生活例子，直接或间接地与其课堂教学背景相融合，让学生有一种亲切感，从而更好地调动学生的学习兴趣，最终实现培养学生发现问题、解决实际问题能力的目的。

比如，在导入"流动的组织——血液"一课时，一段在车祸中大失血的患者在送院途中紧急输血抢救的视频可以作为一个生活性问题情境，让学生有一个深切的感触，从而引起思考："这位伤员为什么要马上止血？""如果不输血会有什么后果？""是不是谁都能给伤者输血？"将知识和现实生活结合起来的问题情境，可以引起学生对问题的兴趣，由于这是一个与他们的生活经验有关的问题，因此，他们会很自然地利用现有的知识，来对这一现象进行解释。

（2）运用已有的研究资料，创建问题情境。

生物是一门建立在实验之上的课程，它所展现出来的神奇之处经常会让学生感到好奇、惊奇和不解，它会对学生的思维方式造成巨大的影响，从而让学生在通过实验而生成的问题情境中，对新知识有更多的要求并进行探索。

比如，在学习"血液的组成成分"这一部分的时候，教师将动物的血液放入离心机中进行离心，从而创造出一个实验探究的情境。过一会儿，学生会惊讶地看到，原本鲜红的血液已经成为一个很清楚的三层物质。教师可以在此基础上，让学生猜一猜，哪一种细胞才是真正的血红色。那中央的白色是什么？那些泛黄的颜色是由哪些组成的？利用实验所创造的情境，可以在课堂上将学生的注意力重新吸引过来，从而将他们成功地引入下一阶段的学习之中，激发学生对知识的渴求。

又比如，在对"食物的营养成分"一节课进行探究的时候，教师可以让学生从当地某些食品包装上的营养物质成分表入手，展开对它的研究，从而找到这个食品所含有的营养成分。又比如，通过对他们晚饭的分析，来对食品中所含有的成分有一个大致的认识。最后，通过小组合作、共同探究，认识到食物中所含有的各种营养元素，并对它们的作用有一个全面的认识。学习活动的开展，是一个由感性知识向理性思维发展的过程，也是一个学习活动的过程。所以，探究性情境教学可以为学生的学习搭建桥梁，培养他们应用知识进行分析、解决问题的能力，让他们在协作与共享的过程中，打开并真正进入生物科学的世界。

（3）运用对立性素材，创造问题情境。

皮亚杰认为，学习的过程就是人在不停地反思和调整自身内在的知识结构，从而形成一种自我调整的螺旋式增长的机制。通过具体的、具有方向性的问题，让学生所掌握的知识与教师所提供的问题情境之间产生认识上的冲突，从而实现激发学生求知欲、引导学生探求知识原点的目标。

（4）分层素材创造问题情境。

初中生具有明显的心理特点，年龄越小，注意的稳定性越差。尤其是在认识到一个知识点后，很可能会走神。在这种情况下，如果教师能及时、适当地安排出能够同时考虑到趣味和层次的练习，将其当作问题情境，并将其融入教学过程中，充分展现出情境教学的魅力，那么，学生的注意力就会很容易地重新回到课堂上来。另外，分层的练习可以让学生体会到"跳一跳就能得到桃子的喜悦"，因此，在课堂上，教师应该按照学生的实际进行分层设计，让不同水平的学生进行答题，从而激发他们的学习热情，提高他们对生物学的认识，从而达到好学、乐学的目的。

2. 趣味情境教学策略

初中阶段的学生，虽然在身体上有一些成年人的特征，但在心理上仍然会有孩子般的性格。利用有趣的小游戏和小故事来创设情境，能够引起学生的注意，让他们主动参与到游戏之中，用自己的亲身体验来体会情境教学的魅力，在富有乐趣的情境诱导下，引发他们的联想，从而让他们对科学问题有更高的兴趣。

有趣的情境可以激起学生参与的热情，比如："假如你是一粒西瓜子，和六个营养成分兄弟一起被小明吃掉，西瓜子将去哪里旅行？在旅途中，西瓜子有没有遭遇过什么凶险？他的六个兄弟能否脱身？"面对这样的问题，教师和学生都可以通过扮演"西瓜子"，一起去体验、去感悟、去辩论、去收获，让学生在快乐的学习中获得自己想要的知识。

比如，在教学"反射弧"时，利用"击鼓传球"这一游戏形式，通过设置情境来调动学生学习的积极性，从而收到很好的教学效果。在这个游戏里，一组中的第一个人被选为受体，中间的一个人被选为神经区，最后一个人被选作效应区，剩下的两个人被选作神经区，参加游戏的人都会选择位于神经区两边的人作为输入神经区，然后由输入神经区和输出神经区组成，他们会选择从第一个被选中的人"传球"，这是一种神经脉冲的传递，但是随着节奏的变化，一些人会觉得自己可以把球传给后面的人，但是有的时候，球会掉在地上。在欢乐的气氛中，也会有一些人提出这样的问题："这和反射弧有何联系?"教师继续向学生讲解反射弧的特征：如果球成功地抵达最后一个学生者手上，那么就证明反射弧的五个环节完成了，并且可以继续进行反射弧游戏。在这个时候，只要有一个学生出错，球就会掉在地上，那么游戏就中止了，由此可见，在这个反射弧游戏中，五个环节是必不可少的。借此活动，使学生了解反射弧的特性。自始至终，学生都充满热情，课堂上的氛围也非常活跃。可以看出，在轻松玩耍的环境下，可以创造一种愉悦的教学氛围，使学生在学习过程中得到体验和收获。

3. 形象情境教学策略

在进行课堂教学的过程中，如果教师能够很好地以课本的内容为依据创设一个具体形象的情境，并且能够很好地将其与实际生活和生物知识之间的实际相结合，在理论知识和实际问题之间建立一座桥梁，从学生喜欢的实物、实例、实情开始，创设一个形象、生动、有趣的情境，尤其是创设一些俗语、社会热点问题等情境，就可以让学生在广阔的形象空间中去感知、体验、触景生情，激发他们对知识的渴求，并在他们的脑海中产生联想和建构，吸收新鲜的东西，从而实现整合知识、关注生命、培养社会责任感的目标。

比如，在学习植物的形态结构等具体形象的时候，自然界中的各类植物，就是学生自身最生动、最真实的教学情境，他们的生活环境、形态、结构、生理功能等都可以在现实的情境中，给学生最直观、最具体的展示。在教学中，也可以采取一些实践活动，如收集一些真实的植物样本等，来提高学生对生物学的感性知识。

又比如，在讲授"心脏结构"这一课的时候，教师可以利用一颗真正的猪心，也可以利用一个心脏的模型，来营造一种生动逼真的环境，让学生一边观察一边学习，这也是一个让学生感受到生物学结构和物质联系的过程。从真实的环境中直观地感受，更易于激起学生对知识的渴望，从而体会到生物学的构造和功能的奇妙之处。在中学生物课堂中，运用形象真实的情境教学，可以帮助学生深化对事物的认知，提升他们的观察能力，从而构建出一个生物结构知识网络，这是显而易见的。

4. 情感情境教学策略

新课标从三个方面对学生的学习进行新的指导，在教学过程中，可以创造出一种充满人文情感的环境，从而深化学生对人文生物的认识，使学生体会到从生物学中所渗入的人文情感，这对于学生感受情感、态度和价值观，形成一个完整的个性起着十分重要的作用。音乐、电影、漫画等都是渲染气氛、衬托话题的最佳手段，它们可以牢牢地抓住学生的注意力，激发他们的思维，让他们能够积极地学习，从而提升教学效果。比如，"碧玉妆成一树高，万条垂下绿丝绦""竹外桃花三两枝，春江水暖鸭先知"等古诗词可以很好地衬托出生物教学的氛围，可以为学生创造出一种独特的境界，使其在愉快的环境中进行思维活动，同时也可以陶冶情操。

另外，在"免疫"这节课中，通过插图，可以迅速将学生带入一个更加直观和具体的关于免疫作用的知识环境，这有助于学生更好地了解教材内容，激发他们的思维。除此之外，教材中还有很多科学家的故事，其中包含科学家们严谨的科学态度，为科学奉献一生的事迹，这都会对学生产生一种正面的心理影响，让他们以此为榜样。

达尔文参加了五年的科学考察，对植物、动物、地理等多个领域进行了深入的研究，最终总结出一套关于生物进化的理论，并出版了一本名为《物种起源》的书，其中最著名的就是"适者生存"的理论。很明显，科学家的故事与生物学科的发展史相结合，可以为培养学生的爱国情怀、科学精神提供最佳的情境材料，可以对学生的学习起到一种潜在的鼓舞作用。

5. 多媒体情境教学策略

多媒体技术可以将多彩的图片、声音、动画、影视等资源进行综合运用，通过对其进行整合，可以使课堂教学的情境创设更加丰富多彩。在教学过程中，使用多媒体环境可以有效地促进学习者的积极性。利用电脑技术，将一些在真实世界中难以呈现的知识、图片、视频等进行有机组合，并将其呈现给学生，可以拓宽学生的视野。在生物学方面，如克隆技术、转基因技术，以及组织培育等，都可以用多媒体来生动地向学生演示。

比如，在"人类的起源"一课中，用多媒体技术进行教学，就可以让学生感受到一种强烈的视觉冲击，进而营造出一种多样化的教学环境，让学生产生感性的认知，从而更好地理解问题。

又如，在中学生物课程中，关于"血液循环"这一节的课程内容，根据目前的教学情况，很难创造出一个与血液循环相关的真实情境。然而，我们可以利用多媒体技术，创造出一种虚拟的情境，使学生能够感受到血流的路径，从而获得关于血液循环的体验。

在生物学课堂中，无论是现实的还是虚拟的，任何一种情境的生成都要有一定的科学性。

五、情境教学模式下的情感内容渗透

在很多人的认知中，情感教学多集中在班主任的道德建设和语文、思想品德等人文学科的教学中。事实上，在生物课程中，由于自身所具有的专业特点，可以通过对学生的学习和体验进行"情感导向"的教学。从生物学的角度，号召学生珍惜生命、爱护自然、爱护环境，共同促进全人类的全面发展。

(一) 利用问题情境渗透情感教育

"问题情境"的生成是一种不受课堂教学环节限制的思维方式。在课堂教学中，渗透情感的教学方法是一种艺术，也是一种教学智慧的最高境界。谚语、典故和诗歌都是中国古老民族文化中的瑰宝，它们不仅闪烁着灿烂的艺术光芒，而且蕴含着极为深刻的生命科学内涵。在生物课堂上，老师会有针对性地选择一些谚语和诗歌，并把它们和生物学的相关知识联系起来，这样一种将自然科学和人文素质结合起来的教学方法，不仅能使教学模式发生变化，还能使课程的内容更加充实，能够调动学生的学习动力，并利用他们的理性思考来提高他们的文学水平。多样的手段和方法是为创造适当的问题情境而设计的，利用问题来引发学生对问题的深入研究是情感教学的核心。

　　课件：
　　同学们对于遗传与变异的名词还不太熟悉，但对于一些谚语、俗语还是比较了解的。
　　师：你们听说过"种瓜得瓜，种豆得豆"吗？
　　生（齐）：是的。
　　师：这个谚语你们很熟悉，但你们有没有想过，在大自然中，父母和孩子为什么长得很像？他们有哪些不同之处？让我们带着疑问中走进"遗传与变异"这堂课。

利用上述问题情境，激发学生探索遗传与变异本质的兴趣，并在对相关知识的理解基础上，在自己与父母之间找到相同点和差异点。在愉悦的气氛中，使学生感受到生命的奇妙，并对父母的养育心存感激，从而在无形中实现对学生的情感教育。

（二）通过生物学探究实验渗透情感教育

在中学生物教学体系中，大量的实验被纳入其中，而在这些教学体系中，一些优秀的实验设计更是体现了其独特性。在独立或者小组合作完成实验的过程中，学生可以养成理性的思维方式与团队合作意识。在此基础上，对所学习的知识进行示范，使学生对其有更直观、形象的认识，对其有较好的把握。例如，教师可以给学生准备一些材料，让学生自己动手做一个模型，然后再给学生演示。在这样一个轻松、愉快的气氛中，学生对实践活动非常感兴趣，这样的学习活动比"满堂灌"要有效得多，而且还可以培养学生的实践技能，让他们在对科学的研究中培养出严谨、求实的理性思维和勇于发现、敢于挑战未知的创新精神。

同时，由于学生学习的普遍特征，也使其更多地侧重于间接体验。但是，生命本身就是一门自然科学，关于动植物结构和特性、遗传与变异原理等方面的知识，都是生物学家经过长时间的观测和实验得出的结果。因为时间和空间的局限，学生不可能每一件事都亲自去完成。所以，可以用讲授科学家进行实验探究的故事来重现科学的探索过程，从而让学生在进行科学探究或者是为人做事的时候，都具备严密的逻辑和百折不挠的精神。

课件：

"种子的萌发"是从七年级上册第三单元第二章"被子植物的一生"一节中选取的内容。为了对一颗种子发芽的环境进行探索，学生可以亲自将它种植出来，在它缓慢生长、成熟的过程中，感受到生命的悸动和神奇，同时还能感受到生命的来之不易，从而让学生建立起一种生态学的观念，让他们意识到珍惜生命、保护环境的重要性，最后，学生可以在小组中通力合作，以探索、发现和报告的方式，培养团队合作精神，让他们的情感在合作中得到加强。

（三）借助生物美学强化情感教育

"美育是指运用审美原理进行教学，以培养人的情感。"审美心理学作为一个新的学科，其发展历史虽短，但是审美教育的理念却有着悠久的历史。中国古代审美观念不仅注重"乐者天和"，而且重视诗歌、音乐对人的影响。

在生物学科中，从分子结构层面对生物的性质进行深入的研究。在多种多样的自然界中，处处洋溢着生物之美，这就要求我们用心灵来理解和感受。在审美教育中，培养人对生活的感觉和感受，是审美教育的根本手段。每一种生物都有自己独特的颜色、形态、习性、生命特征和行为方式，使其具有独特的价值。世界之大，无奇不有，有各种奇怪的植物，有各种不同的动物，甚至有一些微型的，却有着很强功能的生物。万物之长的人类、自由翱翔的鸟儿、凶猛强悍的猎豹、奔跑如飞的兔子、凶悍强劲的虎狮、傻乎乎的企鹅、熠熠发光的萤火虫、小巧玲珑的金丝雀等，这些都是生物圈中种类繁多的有机体，它们拥有着极为丰富的美学。教师可以通过介绍不同种类生物的特点，让学生领悟生物的意境之美，从而让其爱上大自然，产生爱护人类生存环境的意识。

生命，就是这么奇妙。例如，可以识别自己和排除异己的免疫细胞；胃腺不仅具有分解食物的功能，同时也具有防止自身被消化的功能。而被称为大自然中最优秀的设计师的蜜蜂，其建造的蜂巢让世人为之侧目。生命的潜能很大，可以让自身的结构与功能保持平衡，维持正常的生理机能，同时也会对自身所处的环境做出反应，从而对周围的环境产生一定的影响。所以，利用生物学特有的审美价值，在课堂上对学生进行感受美、欣赏美、理解美和发现美的训练，可以提高学生对大自然的认识和了解，加深他们对大自然的感情。

课件：

七年级上册第一单元第一节课"生物的特征"是学生第一次接触生物这一学科，本节课又是第一节正式生物课。教师在课堂上运用"情境"的方法来给学生创造自然界中丰富多样的生命形态就显得尤为重要。

课堂前预习：通过讲解一些生物的生活习性或展示形态迥异的生物图片来进行教学。

师：在这个广阔而美丽的地球上生活着各种各样的生物，请大家举出几个例子。

生：人、猫、狗、兔、草、树等。

教师播放短片，让学生看一看美丽的山水和各地奇奇怪怪的生物。动物、植物和难以察觉的微生物组成一个奇妙的生物界，它们以自己特有的形式表现出自身的存在，也体现出这个世界的变化之美。那么，就让我们用一双"寻找美"的眼睛，用一双"欣赏美"的眼睛，去探寻生命的本质，去寻找美的新天地！

（四）将生物教学与生活相结合完善情感教育

"学以致用"是教学的关键。由于生物学科的特殊性，它与人们的日常生活有着密切的联系，因此，通过对生物学的认识和理解，可以帮助学生形成合理饮食和均衡营养的观念；在此基础上，通过学习汗液的形成，使其养成勤洗澡、注意个人卫生的好习惯；特别是对初中生来说，他们的身心发展是不均衡的，他们需要了解关于青春期生理卫生的相关信息，才能更好地应对自己的身体变化，才能更好地度过心理断乳期。目前，我国正处于水污染、空气污染和资源浪费等一系列问题的困扰之中，这些都是生物情感教育的素材。为此，教师要从生活情境出发，通过对生命的教育，启发学生要珍惜生命，爱护自然环境，珍惜资源，实现人与自然的和谐发展。

课件：

"预防传染病"是七年级下册第四单元中的一堂课，它把认知和情感两种教学方法有机地融合在一起。了解基础的传染病传播及预防知识，是养成良好的生活习惯和社会适应性的基本条件，也是养成关爱他人的先决条件。

师：从上一节课中，我们知道有哪些方法可以预防传染性疾病的蔓延？

学生1：要控制传染源，切断传播途径，要注意对易感人群的保护。

师：那么怎样把这三种方法应用到我们的生活中去？

学生2：对有传染性疾病的患者进行隔离、消灭蚊虫、加强运动以增强抵抗力等。

通过积极的解答，同学们最终学到一些知识，他们在认知的基础上，逐渐形成一种科学的、健康的生活方式，进而将珍惜生命的观念融入自己的内心，从而提高了他们对别人的关怀和爱护。

(五) 利用活动场景构建学习情境、内化情感教育

通过亲身经历、自我参与和体验，学生可以对所学知识有更好的理解，并以此来加强他们的情感体验，使他们的情感得到内化。除第二部分所述的"实验情境"外，其他方法包括社会调查、游戏和角色扮演等。上课前，可以让学生分成几个小组，做一些社会调研，比如附近有没有什么生物，家族里有没有什么遗传病，还有就是班上有没有学生近视。以学生的调查数据为依据，创设多种情境，使其对学习形成强烈的兴趣。

"以情境为导向"的"角色扮演"法，在当今世界范围内越来越受欢迎的"科普剧"中，将"科技"和"人文主义"有机地结合在一起，是一种新的教育形式，也是一种变革的新机遇。科普剧包含许多不同的内容，如趣味科学小实验、科学情景剧等。如果能把初中生物教学和科普剧表演相融合，不仅能促成一条纽带，促进馆校之间的协作，还能在新课程标准的指导下，把体验式学

习作为一种思想，对教学方式进行创新，让学生在寓教于乐的气氛中，完成情感层面的教育。

在中学生物的教学实践中，创设问题情境、实验情境和生活情境的教学策略比较常见，但是在创设活动情境方面却很少见。在这一背景下，结合当前在科技馆日益盛行的科学戏剧演出的表现形式，结合中学生物学的新课标，创设"情境"的教学模式很有必要。

随着我国科技创新事业的快速发展，中国科技创新与西方科技创新的"大众认知"形成鲜明对比，我国科技创新正处于一个更加复杂、更加全面的发展态势。而科普剧的问世也引起广大科学教育人士的热烈讨论和重视。科普剧是一种新型的科学教学模式，它把科学知识和科学实验等内容用戏剧的形式呈现，使学生通过观看或者参加演出来获得科学知识，感受科学精神，提高他们对科学的兴趣。在创作科普剧时，追求科学、艺术和人文三者之间的最佳融合，在情节和表演上，着重从科学普及，情感、态度与价值观，艺术审美等各个角度，对中小学生的人文情怀和科学精神进行培育。作为科普剧执行的导师，应由中小学教师或科技馆的科学专业人士担任。在进行具体的排练和表演的时候，教师要对整个环境有一个整体的了解，对执行的目的和主题有一个准确的把握，创造一个好的环境，让学生对表演产生浓厚的兴趣，并让他们积极地参与、亲身实践、自主地表达。在执行的时候，教师要对活动的进程进行恰当的控制，要保持一个好的气氛，让学生能够全神贯注地投入参与的过程中，并且要抓住机会，用合适的语言、态度和动作给参加的学生提供反馈，从而增进学生的学习体验感。

在教育教学中，教师是教育教学活动的主要参与者，教育教学活动的开展和实施需要教师的大力协助。在初中生物课程的教学过程中，要根据《义务教育生物学课程标准》的要求，根据初中阶段的认知水平，使科普剧与初中阶段的生物教育紧密相连。科普剧式的情境教学，首先依赖于科普剧脚本的开发。为此，本课题将对生物科普剧的策划和脚本编写进行深入探讨。

六、相关案例分析

（一）问题情境相关案例

1. 问题情境教学概念的领悟

在此基础上，学者们提出了一种基于问题情境的学习方法。关于问题情境的教学方法，有大量的书籍和论文材料。在很多学者看来，问题情境教学法指的是：运用并创造出一个问题情境，让学生面对特定的问题，以此来激发他们思考的热情，并指导他们自己去探究问题，在情境中以问题为核心进行教学。问题是一切科学探索的起点，也是一切科学探索的关键所在。没有问题，就没有思维、没有方法；没有知识，也就没有问题。问题是思维方法与知识积累和发展的逻辑动力，是新观念、新方法与新知识的萌芽。因此，探究型教学就成为当代教学方法的一个重要特点。

在以问题为导向的教学模式下，问题对学习者的影响尤为突出。在这个学习过程中，学生可以利用自己的观察力和思维能力，去发现问题，在这个过程中，利用自己所拥有的知识和经验对问题进行分析，并利用自己所拥有的技能解决问题。现代教育论的研究显示，从实质上讲，虽然学生的学习是需要感知的，但感知并不是学习的根本原因，而学习的根本原因是问题。如果不提出问题，就难以激发学生的好奇心；如果没有问题，就无法找到问题的所在，也无法让学生进行更深层次的思考和探究。那么，学生的研究就只能停留在表面上，停留在形式上。因此，现在的教学方法非常注重教学中的问题。一是重视问题式学习，将问题视为学习的动机、出发点和主线；二是在学习所得到知识的基础上，学生还会提出新的问题。所以，学习的过程就是一个发现问题、提出问题、分析问题和解决问题的过程。

"问题"教学的预期目的在于通过"问题"的方式来实现。问题意识就是问题变成学生认知和思考的对象，从而在他们心中产生一种尚未决定，但又必须解决的强大的求知渴望。"问题"能激起学生对"知识"的渴望，并能使他们处于一种"全神贯注"的状态，从而达到"积极主动"的目的；同时，也能激发学生勇于探索、乐于追求真理、善于创造的科研精神。如果没有问题意识，就不会有学习新东西的动力，没有思考的活力，就不会有求异思维和创新思维。总之，在自主学习中，问题意识是一个关键的心理要素，特别是发现性学习、探究性学习和研究性学习。

2. 问题情境教学法对教师教学活动的积极作用

（1）情境问题教学方法对学生的思维起到一定的激励效果。

人们的思维活动常处于一种"好奇心"的状态，这种"好奇心"来自内心的"疑惑"。在问题情境教学中，情境中的提问可以激发出学生心中的已有认知与未知世界中新事物的冲突。为了能够有效地解决内部的矛盾冲突，学生的思维活动会变得比较活跃，他们会主动地去探索问题，还会通过实践来解决问题。在问题情境下，除了教师提出问题外，还可以让学生在情境中找到问题。在这种情况下，问题就成了学生好奇心的起点。在问题的激发和驱动下，学生会积极地展开思维，进行探究，并持续地从周围环境中获得可以拓展自身思路的养分。

（2）"问题情境"的教学方法，有利于提高学生的自觉性和敏感性。

问题情境可以对学生产生正面的、有效的激励，激发他们对问题探索的兴趣和欲望，引发他们与问题解决过程相关的理性情感和体验。马斯洛曾说，真实的研究与个体有关，而最值得研究的往往包括我们丰富的情感体验。在学习过程中，学生希望了解课本以及在课堂上教师所教授的知识，并不仅仅是为了学习或者为了获得良好的评价以及满足教师提出的要求，而是为了自己的兴趣以及探索与解决问题。

实践表明，学生的思维过程对他们的求知欲、学习兴趣，以及他们思想的敏感性、独立性等个性素质，都有很大的帮助。这种学习方式反映出学习的过程是学生自身智力活动的结果，所以这种学习方式既有利于加深学生对知识的了解和把握，又有利于对其智力的发展。

（3）采用问题情境式的方法，有助于提高学生的思维能力，使其从感性认知发展到理性认知。

在"问题情境"的教学中，"问题"是根据教师为学生创造的更为直接和具体的情境而设计的。当特定的情境和问题一起出现在学生的脑海中时，就会产生对应的表现形式和内在语言，这些情境的组合和加强，很容易产生新的观念和判断，为感性思维转变为理性思维提供前提。在问题情境教学中，通过情境问题的指导，可以使学生对所获得的知识进行抽象和归纳，使其由感性思维走向理性思维。从心理学的角度来看，表象不仅是意象的基础，而且也是意象向抽象转换的重要手段和中心。而问题情境教学就是在这一结合点上，促进和加快了这种转换的进程。

（4）情境问题的学习方法对学生的学习起到反馈的效果。

为了了解新教学过程中，学生对所教内容的掌握情况，以及他们是否已经将所学知识进行了运用，教师一般都会通过向学生提问的形式来进行这一环节。如果教师利用创设的情境来提出问题，而学生在特定的情境中去回答问题，那么这就更能反映出他们对知识的掌握和运用能力。因此，在情境问题中提出问题，其反馈效果要比通常的单边问题大得多。

（5）"问题情境"式的教学方法起到"衔接"作用。

在对已学过的知识进行回顾时，要注意创设问题情境，使已学过的知识与新的教学内容相结合。学生在回答问题时，要从大脑中查找对问题有帮助的信息，这是对以前所学知识的巩固和再现。因为在这个过程中，需要学生自己去寻找、去整理、去加工，所以，他们的学习过程是非常重要的。如果学生能够运用已有的知识，去解答情境中所包含的新知识的问题，那么他们就会自然地渴望去学习新知识，这样教师也就可以成功地进行新知识的授课。

（6）采用问题情境式的方法，有利于学生综合素质的提高。

首先，学生的思维能力能够得到发展。通过对问题的思考和解答，培养了学生的思维能力。

其次，能够提高学生的交流和协作技能。在尝试解决情境问题的时候，学生一般还会和同学讨论、合作或者向老师提问，这就在无形中提高了学生的沟通与合作能力，同时加强了师生、生生之间的沟通与交流。

最后，有助于提高学生的语言表达能力。在回答问题时，要先阐明自己的看法，然后再进行语言的整理和表达。久而久之，就会提高学生的语言口头表达能力。因此，在问题情境教学中，在"问题"的作用下，对学生进行思维、交流、表达等多种技能的培训，不失为一个很好的途径。

3. 问题情境教学法有助于学生自主学习方式的构建

（1）传统教学方法存在的缺陷。

通常来说，一个人的学习有两条途径，一条是被动的，一条是主动的。在"受教育性"教学中，以"学生"为主。而这些知识，通常都是以结论的方式展现在学生面前的。在探究式的教学过程中，学生成为知识的发现者。通过这样的方法，学生可以通过提问的方式，间接地获得所需要的知识。而传统的教学方法基本上都是被动式的教学，过于注重"领悟"和"掌握"，而忽略"发现"和"探究"。这就造成在实际的教学活动中，学生往往会表现出一种消极的态度，很容易选择偏激的方式，被动地去接受和记忆书本上的知识。这种学习方法的结果就是，学生常常把注意力集中在问题的答案上，却忽略问题的求解，这不但会扼杀他们的学习积极性和主动性，还会对他们的思维和智力发展产生制约，从而妨碍他们身体和心理的发展，妨碍他们能力的充分发挥。

（2）建构学生自学方式。

要想克服这些缺点，就必须建立起一套完整的自我调节的学习模式，要使"发现""探究""研究"等认知行为在教学中得到重视。"问题情境"的理念是人文主义的教学思维。人本主义的教育观突破了以往的教育观，强调对学生直观、情感、信仰和行动的重视，做到了以学生为中心，注重他们人格发展和才能的充分发挥，把人类的思维与直观、认知与情感融入教学活动之中。在中学生物的课堂教学中，教师运用问题情境教学方法，通过在适当的环境中的问题，引导学生在一个独立的发现问题、提出问题、分析问题、解决问题的过程中，逐步形成发现性、探究性、研究性的良好的学习理念。

（3）"问题情境"教学方式的提出。

美国知名的教育理论家、教育工作者乔伊斯和韦尔于1972年发表的《教学模式》一书中，第一次提出"教学模式"这一理念。他们认为"教学模式实际上就是一种学习模式，它是构成课程的课业、选择教材、提高教师教学活动效率的一种范型或计划"[①]。

按照乔伊斯和韦尔的看法，"教学模式"既是一种教育理论，又是一种特殊的教育方式与手段。教学模式并非分散的教育理念与教育方法的任意拼凑。从本质上讲，教学模式是一个方法系统，其特点是整体化。教学模式的完备性，一方面表现为其不仅具有自己的教学指导思想和原则，还具有教育教学和教育心理等多方面的理论依据，具有能够在教学活动中进行具体实施和实践的可操作性。其次，主要表现为其具有规划性，即其整体实施具有针对性，并有明确的实施目标。

总而言之，问题情境教学就是以多种教育学、教育心理学为理论依据，将启发性、有针对性作为指导思想和实施原则，将培养学生的自主学习能力作为最终目标，将发展学生的人格品质和提升他们的探索创新能力作为最终目的，并与教材内容以及学生的生活实际相结合，创造出一个适当且行之有效的问题情境，从而展开教学活动的一种教学模式。

4. 问题情境教学的理论基础

（1）卢梭关于问题情境的思考。

"问题情境"的概念起源于卢梭关于"问题情境"的教育与教学理念。[②]卢梭说："一个人的发展，不一定要靠老师向他传授真理。可以通过对问题的解答，使学生不断地求知，不断地发展。而在课堂教学中，老师所扮演的角色则是创设相应的情境，并在情境中向学生提出问题。学生要先了解问题，再进行独立的思考，最后才能解决问题。"

（2）杜威关于问题情境的思考。

杜威是20世纪初期美国著名的教育学家。"在做中学"是杜威教育思想的一句名言。[③]"在做中学"指的是探究性的学习，它的本质是在问题的解析

———————————

① 张闻庆. 读乔伊斯《教学模式》有感［J］. 文化创新比较研究，2017（16）：29-30.
② 张蓓蓓. 初中生物教学中问题情境的创设［J］. 教育界，2023，524（12）：50-52.
③ 朱良春. 注重创设问题情境 促进初中生物教学［J］. 快乐阅读，2016，307（24）：55.

式中进行探究。在此基础上，本节提出一种新的教学模式。在问题情境中，学生可以自己积极地进行探究，通过对现有的经验进行重构，最终得到结论。在独立探索的过程中，他们的智慧与能力就会被开发出来。在"问题教学"理念的指导下，杜威提出一种新的"五步法"：第一，教师创造可以引发疑问的情境；第二，通过情境，让学生找到问题，学会提问；第三，学生提出解决问题的设想；第四，让学生去练习，去证实所提的假设；第五，让学生自己总结。

（3）苏联一些学者关于问题情境的思考。

20世纪中期，苏联一些著名的教育家，如马丘斯金、马赫穆托夫、列尔奈尔，都相继提出"问题式"的教学理念。"问题思维"是教师进行问题教学的心理学基础。如果在某些特定的情况下，当前的情况不能满足人们进行实践活动的需求，也就是说，在这种情况下，存在着有待解决的问题，而且是以前没有出现过的问题，也没有现成的答案或方案，甚至没有相应的线索，所以，要想走出这种情况，就必须寻找出一种全新的、可以进行实践的方法，也就是在这个过程中，把自己的创造力进行下去。这种可以构成两难局面的情况，叫作问题情境。所以，问题思维到底是什么？问题思维是在情境中发现问题、提出问题、解决问题的思维过程，学生通过这个思维过程获得新知识。问题思维主要由五个部分组成：第一部分是问题情境的创设；第二部分为对情境的剖析与提问；第三部分是问题的解释性；第四部分是从假设中找出解答原理；第五部分是验证问题的答案。

（4）布鲁纳"发现法"教学。

布鲁纳[①]所倡导的"发现法"，也被称为探究法、解决问题法、启发式的发现法，它指的是根据学生的好奇心、求知欲的心理特征，根据教师和课本中所给的素材或情境，在教师的指导下，自己去寻找问题、解决问题。因此，布鲁纳"发现法"的实践以"情境与问题"为基础。

问题情境是一个核心问题，也是一个基础问题。在问题情境中，其中心环节是新的、未知的、有"需求"的，是能激发人的思考动力，激发人对新知识的好奇心，产生探究欲望的。教师可以利用问题情境来激发学生对新事物的需求，挖掘他们的潜力，并指导他们在情境中寻找问题的答案。在这种问题情境教学中，可以拓展学生的思路，提高他们的智力，进一步发挥他们的探索创新能力，从而实现他们个人的全面发展。

---

① 高凡. 布鲁纳认知：发现学习理论与我国新课程改革［J］. 课程教育研究，2017（52）：36.

5．问题情境创设方法

在教育的过程中，要将情感态度和价值观的教育融入教学之中，从而达到让学生对自然界中生物的学习从无意识的关注发展到积极地、主动地去追求知识的目的。因此，教师应该以初中生的年龄特征为依据，以教学内容和课堂情况为依据，选择多种形式，创造出各种各样的问题情境，以此来激发学生的学习积极性和主动性。下面是一个问题情境的生成方式，并通过一个教学例子加以说明：

（1）立意切入，创建问题情境。

课堂一开始，教师就用提问的方式，迅速吸引学生的注意。通过设计问题情境，将所要展示的教学内容和具体的要求结合起来。比如，在进行"哺乳动物"基本特点的教学时，通过歌谣"小白兔，白又白，两只耳朵竖起来，爱吃萝卜和青菜，蹦蹦跳跳真可爱"，让学生的情绪一下子就被激发出来，他们兴奋地跟着老师一起吟诵，并比画着各种动作，一只只栩栩如生的小白兔就出现在大家眼前，学生的思维也随之变得更加活跃，有关小白兔的一些感性认知也在大家的讨论中被学生理解。教师可以抓住这个机会进行引导，并向学生提问："喜欢吃萝卜青菜的小白兔和喜欢吃肉的大灰狼，它们的牙齿有没有相似之处，又有哪些区别呢？"就这样，学生可以在轻松愉快的学习氛围中，了解到与兔子相关的知识。

（2）将新、旧知识联系起来，创设问题情境。

用问题情境的方式，来对新、旧知识进行联系，它是一种运用对已学知识进行回顾、扩展，从而引入新知识的一种教学方法和技能，它对于已经学到的和即将学到的新知识之间的正转移起到了很好的作用。它在所有学科和年级中都有应用。比如，在"鱼"一节中，在讲解"脊椎动物与非脊椎动物之间的基本差别"时，教师可以通过对已学到的一些种类进行复习，并展示一些鱼类的骨架样本，让学生看到鱼类的脊柱和组成脊柱的一节脊椎骨。让学生说出他们认识的各种生物，并提出问题。在教学中，教师要充分运用现有的知识，借助直观的教具，来创建一个问题情境，让学生通过对比来了解这些生物的特征，为后面的教学做好准备。

（3）与课本相联系，创设问题情境。

课堂教学与课程教材是密不可分的，所以在上课之前，教师一定要花费很多的时间和精力，对课本内容进行仔细的研究，对课本中的重点和难点进行准确掌握。在情境问题的设置上，要与课本相联系，例如，在进行"鸟"一节的教学时，教师可以设置这样一个问题情境：为什么鸟儿能够在天空中自由地飞行？一个人要是插上一对翅膀，他会不会飞？家养的鸽子，除了有翼外，还有什么适合飞行的特性？学生通过讨论、思考、学习，得出的结果是：有翼、有羽毛；躯干有流线；胸部肌肉发达；骨骼中空、重量轻；有空气泡。而这些问题的答案，就是教科书上所展现出来的，也就是新课改所要求掌握的。

（4）紧密结合真实的生活，创造出一个问题情境。

生物是一门与人们生产生活、人类社会和大自然密切联系在一起的基础科学。因此，从生活实际出发，来设计问题情境，既可以帮助学生更好地掌握生物学知识，又可以让他们把所学的知识应用到日常生活中去。

比如，在"霉菌"这个知识点上，可以根据我们的生活环境来提问：食品在夏天和冬天哪个季节更容易变质和发霉？在潮湿的天气里，食物会首先腐烂吗？超市里的东西，怎么会有这么多？真菌在哪些条件下适合生存？第四个问题则是根据前面三个和真实生活紧密联系在一起的问题而提出的。通过对食物的了解，结合真实的生活经历，可以轻易地推断出食物在接触到空气的情况下，在高温潮湿的环境下会发生霉变。据此，通过教师的指导，学生可以很容易地得出结论：适合真菌生存的环境是温暖、湿润和充足的空气。

（5）通过"问题情境"法进行设计。

①构建"问题情境"，开展"问题情境"的教学研究。

生物学实验是一种直观、形象的教学方法，它为学生提供大量的感性认知。在问题情境中，展开对实验的操作，以及对信息的收集，并对与之相关的问题展开思考，进而对问题展开探索，最终将生物现象的本质展现出来，探索生命活动的规律。比如，在"蛐蛐"一课中，我们可以提出一般问题"蟋蟀在哪种东西上爬行速度最快？"，而不是在特定情况下提出问题"蟋蟀身体的节肢和鬃毛对它的移动有何影响？"。可以看出，特定的实验情境可以激发学生的问题意识，更加活跃学生的思维，增强学生的学习主动性，从而实现让学生主动学习、创造性学习的目的。

②预实验。

要提高学生对学习的兴趣，除了要注重引入问题，还要将它融入课堂教学的每一个过程中，并将它扩展到课外。在某些可以观测到的内容上，尝试让学生提前进行观测和实验，或者是在自然界中亲自感受。自然界自身就是一种极具魔力与神秘色彩的"问题情境"。

比如，小州蛤蜊怎么变成了一只蛙？关于这个问题，可以这么做：首先，让学生到校外去收集蛙卵及小州蛙类，一边养殖一边进行观测。学生对这个实验都很有兴趣，他们会将自己的观察和分析做出来，然后将自己的实验结果写出来。在这种长时间的观察和记录中，教师要指导学生，帮助他们突破条件的局限，降低他们在实际操作中的错误和多方面因素的不良影响，让他们可以顺利地进行实验。上课时，教师会让学生自己讲述他们的成长历程。在这种自然问题的情境中，让学生进行长期的观察和学习，不仅可以调动学生的学习热情，提升他们对生物学的学习效率，还可以培养学生的观察能力、责任心和团队精神，其教学成果也是非常明显的。

（6）运用现代化的教学方法，建立问题情境。

①采用"虚拟"的方法，建立"问题情境"。

在课堂上，除了使用常规的实验方法来创建问题情境之外，还可以通过使用虚拟技术来创建问题情境。而虚拟教学则是利用计算机技术、多媒体技术，通过录像、动画等手段，营造出一种虚拟的实验环境。在虚拟教学问题情境的创设过程中，通常情况下，首先要向学生讲解实验的基本原理，然后使用多媒体将实验的过程进行播放，与此同时，还要创造出一个虚拟情境，并让学生进行实践操作。这种虚拟情境能够在多种情况下，对情境、变化和实验的运作进行仿真，并能再现实验现象。在生物学实验中，由于受到设备、场地和技术等方面的制约，"细胞的分裂"这一类型的实验很难让学生用自己的实践来再现并观测到细胞分裂的动态过程。如果教师只是简单地用自己的语言来解释"细胞的分裂"这一类型的实验，学生很难明白其中的道理，也就不能真正地掌握相关知识，因此，在课堂上，学生的学习效率也会很低。如果使用虚拟的方式，通过多媒体和动画的方式，模拟出一个真实的实验环境，就能解决这一问题。在这个模拟环境中，学生仿佛置身于真实的生物实验室并沉浸在其中。并且，在播放视频或动画的时候，要及时创造出可以激发学生兴趣的多种学习情境，并让学生逐步地进行虚拟操作，完成并观察到细胞分裂的整个动态过程，这样就可以解决设备、技术条件不足等问题，进而可以提升教学的质量。

②将传统教具与虚拟教学相融合，实现"问题情境"的生成。

尽管虚拟教学有很多罕见的优势，但是它仍然无法取代一切其他的传统教学方法。如果能恰当地将它与其他教学方法有机地融合，那么，它的教学效果就会更为明显。

比如，在"腔肠动物"这堂课中，很多腔肠动物，包括水蛭，都是学生平时甚少接触到的，对此他们也没有任何的感性认知，教师在讲解时就会觉得很抽象，很难吸引学生的注意力。这个时候，教师就要利用各种各样的形象化教学工具，将水蛭的模型摆放在讲台上，将海蛮、海葵、各类珊瑚礁等的彩绘贴在黑板和墙壁上，再将有关海底世界的影像资料在教室里播放，使学生有一种进入神奇海洋世界的感觉。色彩鲜艳、造型奇特的教学工具虽然是静止的，但是可以通过直观的接触和随意的多角度观看，再加上生动的动画录像，激发出学生浓厚的学习兴趣。这是怎么回事？学生翘首以盼，期待着老师的讲解，通过一个一个的介绍，学生的好奇心得到满足，同时也深刻感受到动物界的神奇，他们会发现自己所不了解的东西，于是他们的学习动机和好奇心就被调动起来。

6. 问题情境教学过程及案例

（1）对教材进行剖析，选择问题情境式的教学内容。

学科教材是基础教育教材改革和实验的集中体现，是教育专家、学科专家、教研人员和广大一线教师的集体智慧结晶。编制这套教科书的目的就是要让学生在学习生物学的时候，注重的不仅仅是记忆，而是了解；在了解的前提下，要对生活中的奇妙和美好有更多体会，让学生在与老师进行沟通和协作的过程中，能够更好地提高他们的创造力以及科学实践能力。

（2）开展与问题情境式教学方法有关的课程设置。

"动脑筋，讨论问题""观察力""旁栏思考""科学方法""小资料""技能训练""调查""探究""课外实践""科技、社会活动"等专栏，都是一种很好的教学模式。

在教科书中，每一节都以"想一想，议一议"开头，该栏目一般会与学生在现实生活中所见到的事例或自然界中的某些现象相联系，来创设问题情境。举例来说，八年级上册"细菌和真菌在自然界中的作用"一课中有这样一句话：每年冬季，森林里都铺满一层厚厚的落叶。年复一年，森林里的落叶层会不会越积越厚呢？为什么？

"旁栏思考"中的"问题"指的是与课本内容相联系而形成的"问题情境"，它是对已学知识的一种延伸与扩展。比如，在"鱼"这一课中，与"鳃"相关的问题就会出现：其他生物在水里也会用鳃来呼吸吗？

"观察与思考"的方式是：向学生展示图片，进行示范实验，或是让学生直接进行观察和探索，最后得到自己的结论。这一节主要是运用实验创造问题情境的方式来进行教学。比如，在"鱼"一节：拿一条鲇鱼，用手指触摸它的身体表面，感受它身体表面的特征。抬起鳃盖，观察其形状及色泽。思考：鱼鳃的线头为何如此多而纤细？为何鳃呈鲜艳的红色？把这条鱼放在一个装满水的玻璃罐里，然后观察它在水里的活动。鱼类在呼吸过程中，其嘴与鳃后边缘是否会同步张合？用吸管吸取少量的墨水在鱼口的前面，观察是否有墨水进入鱼口后从鳃盖尾边流出来？

以上几个专栏的设立，旨在通过创设问题情境，拓宽学生的眼界，激发他们的思考，从而提升他们对生物学知识的学习兴趣，培养他们学习的积极性。然而，要想对学生的创新思维进行培养，使他们能够积极地进行学习，这并不是一日之功，也不是仅仅依靠教材上的几个零散的问题就可以做到。要想有效地提升学生的学习成效，培养他们积极的学习方式，还必须让教师在日常的、长期的教学活动中，选择适合的教学内容，并以恰当的方法和手段来促进。所以，在问题情境教学中，教师有必要在有目的的、有计划的、连续的、具有序列性的问题体系中，以一条问题的主线来将整个课堂教学过程贯穿起来。

第二节　生活化教学，激发创新思维

一、初中生物生活化教学的理论分析

(一) 生活化教学相关概念的界定

1. 生活与生活化

在《现代汉语词典》中，"生活"一词的基本含义是：生活是人或动物为了生存和发展而进行的各种活动；生活是从事一切工作；生活是为了存在；"生活"是"吃穿住行"，"生活"是"工作"。本节所涉及的"生活"，主要是日常生活、自然界、社会等。"化"一词，从字义上看，指某一种事物的本质或形态的变化。"生活化"，正如其名所提示的那样，就是赋予事物以生活的性质和气氛。

2. 生活化教学

对于"生活化教学"这一概念，学界一直没有一个公认的定义，许多专家和学者都从各个角度给出自己的看法。

林良富对"生活化"的界定是："把教学置于一种与生活交流的环境之中，把教材的内容以一种生活的方式表现出来，师生都是具有各自不同生活趣味的人，通过教材的载体，抱着一种积极的人生态度，互相交流，一起参加教育，追求科学世界与生活世界的融合，追求文化的传承与创新，追求教育的共赢。"[1] 张文和高玉柏的看法是，"老师从生活中获取学科知识，发掘学科知识

---

① 李明祥. 初中生物学科生活化教学探究 [J]. 智力，2023（14）：147 – 150.

所反映的生活意蕴，把教学置于学生的丰富生活体验之上，通过探究、合作等学习方法，使学生掌握具有生命力的学科知识、技能和方法，使他们能够运用所学知识，进行创新，从而有效地解决现实生活中的问题"。卢峥嵘从课堂教学前中后三个阶段对"生活化"的内涵进行阐释："注重课前学生已经拥有的生活体验，建构在课中所能获取的生活体验；提高课后学生生活的内在价值。"① 刘君说："在课堂上，老师们在充分运用课本上的生活信息的同时，还应该与学生们感兴趣的，能够让学生们对一些概念、规律有更深层次的理解的生活环境相结合，选择一些学生们熟悉的生活实例来进行授课，引导学生们对新的问题情境做出描述、解释和探究，并把新知识运用到现实生活中去。"② 游隆信曾提出："生活化教学是生活的一种主要的教育方法，比如将生活融入课堂的每一个步骤中，比如通过生活的例子来激发学生的兴趣，通过生活的问题来提高学生对知识的应用能力，通过生活的事件来指导学生对知识的理解和掌握。"③ 也有学者将生活化教学定义为："从学生的生活实际出发，强调教学与生活的紧密联系，利用生动有趣、易引发思考的教学情境，充分利用学生现有的生活体验，使生活在教学中起到重要的作用，以师生互动的方式引导学生发现、思考和解决问题，使学生的生活世界和学习领域相统一。"

上述是众多教育界人士对"生活化教学"的典型界定，当然，也有其他的表述形式，但是，不管是什么界定，其核心理念都是一样的，那就是增强教学与实际生活的紧密结合。

3. 初中生物课堂生活化教学

与以上理念相结合，在笔者看来，初中生物课堂的生活化教学，就是通过探索生活中存在的生物知识，挖掘生物知识的生活内容，以学生已经拥有的生活经验为起点，有针对性地选择一些生活例子来进行课堂教学，适当地把学习的内容与真实的生活相关联，在一个生动、有趣、容易引起人们深思的生活环境中，指导学生通过探究、合作等学习方法，从而掌握生物学的基础知识和基本技能，形成一种积极的生活态度和一种健康的生活方式，并试图将生物学知识应用到生活中的一些实际问题之中。

应当指出，提倡中学生物教学的"生活化"，并非单纯地将教学当作对学生生活的一种重复，此处的"生活化"是指经过精心加工，与教学内容紧密

① 李轲. 初中生物生活化教学浅谈 [J]. 读写算, 2022 (21): 100 – 102.
② 齐晓兰. 初中生物生活化教学的研究 [J]. 中学课程辅导, 2022 (20): 102 – 104.
③ 林强. 小议农村初中生物课堂教学生活化的研究 [J]. 当代家庭教育, 2022 (13): 82 – 84.

结合，并带有一定学科内容意义的"生活化"。

（二） 生活化教学的理论基础

1. 卢梭的教育思想

在 18 世纪，法国启蒙思想家和教育家卢梭提出"教育应该以培育'自然人'为目的，即培育一批具有健康的身体、健全的智力、独立自主、自食其力、不受传统束缚、能适应社会生活的人"[①]。要与孩子们的天性相一致，按照他们的年龄特点以及身心发展规律来进行教学，这种不受人控制的自然的生活，就是最好的教学。

卢梭不赞成孩子们在书籍中被动地听大人们的训诫，他主张重视孩子的需求和兴趣，重视孩子的自然体验和生活体验，让孩子在生活中，在各种活动中，在自己的体验中，获得知识和解决问题。

2. 杜威的教育思想

20 世纪初，针对美国课程与孩子们的生活及社会现实相脱离的问题，美国的实用主义教育家杜威在此基础上，提出"教育就是生活""教育就是成长""教育就是对体验的连续变革"三大哲学观点。[②]

"教育就是生活"的观点，从生活的角度出发，揭示了教育的生活内涵。杜威对脱离孩子生活体验的传统教育提出强烈的批评。他说："过去的学校最大的弊端，就在于孩子不能在学校充分发挥其在课外获得的知识，不能将在课堂上学到的知识用于实际的生活。"杜威认为，完美的校园生活，应该是符合孩子自身生活的，要符合孩子的利益需求和心理发展的需求，使孩子在活动中学习，在校园生活中获得快乐。其次，要使校园生活融入校园之外的社会活动中去，使之能够更好地与不断变化的当代世界保持一致。杜威由此又提出"学校就是社会"的观点，其目的是要把学校变成一个经过筛选和净化的符合儿童发展需要的地方，以便培养出能与实际生活相匹配的人才。

杜威曾指出："生活与经验是教育之魂，教育并非强迫孩子们坐下聆听，紧闭大门，而是对生活、成长与经验的改造，脱离生活与经验，就不会成长。"要使这一理念得到落实，就需要对学校的课程进行变革。他认为，课程和教学内容应该与儿童鲜活的体验紧密联系，重视儿童的体验、活动和游戏等对儿童成长的影响，它是儿童生活中不可缺少的一部分。

---

① 葛宇宁. 卢梭道德教育思想探析 [J]. 保定学院学报，2021，34（1）：98－102.
② 黄辰昕. 杜威教育思想的群体性特征 [J]. 生活教育，2022（11）：24－31.

　　杜威关于儿童的发展观、教育观、课程观，至今都有着重要的影响。他重视孩子身体和心理的发展状况和发展程度，重视孩子的接受能力、兴趣和需求，重视孩子已有的生活体验，并适当地把这些体验融入课程中去，这对于今天的教育有着重要的理论和现实意义。杜威的教育理论指出，教育要回到生活中去，要使自己的教育适合于生活，适合于人的需求，而不能离开人的生活。

　　3. 陶行知的生活教育理论

　　陶行知和杜威的观点不同，陶行知认为"社会就是学校"。他指出："在学校中，我们所教授的知识实在是太少了，这就需要我们有一种全新的大教育观念。"陶行知提出"培养21世纪人才"的教学思想，他从社会的要求入手，提倡拓展学校的内容与功能，突破时间与空间的限制，把学校与社会连接起来，创建符合人们要求的学校，为社会提供所需的人才，让教育能够更好地服务于社会、政治、经济的发展。①

　　"教与做相结合"是生活教育观的具体体现，它是对传统"灌输型"的一种否定。陶行知主张"在做中学，在学中教"，"事怎样做便怎样学，怎样学便怎样教，教与学都以做为中心"。将"教""学""做"相结合，体现在课程中，就是要用"生活"来教育学生，用生活课程论来代替与现实相分离、只把课本作为教育内容来学习的传统课程理论。

　　陶行知生活教育观突出"与生活相融"、"与社会相融"、"教"与"学"相融合、"学"与"用"相融合的思想，为"教学"注入生机与活力。他关于生活教育的思想与我国的新课程理念是一致的，它对我们进行课堂生活化教学的研究有着非常大的指导价值和实际意义。因此，在这一过程中教师要更加注重对学生现实生活的关怀，才能使课堂富有生机。

　　4. 人本主义学习理论

　　20世纪70年代初期，美国出现一种新的人本主义心理学，它提倡心理学应研究人的全面发展，它重视人的尊严和价值，关注对人自身潜力的挖掘，关注人自身的全面发展。罗杰斯认为："教育的目的是提高学生的适应能力，培养他们灵活地适应变化，学习如何学习，并且可以继续学习。"他提倡"以人为本"的教学理念，提倡自主、体验式的教学，充分调动学生的学习潜力和学习动力。有意义的学习是让学生意识到所学的知识是有用的，而所学的知识又是与其自身的认知经历和需求有关的。为此，罗杰斯提出"适用性"的理

---

　　① 翁震宇，徐亚健. 从杜威到陶行知："生活教育"理论的哲学观探析［J］. 美术大观，2023（2）：112－115.

论，即教学内容应尽可能地与学生的已有知识、认知经验和心理需求相适应，并与学生的实际体验和实际生活相结合。要让学生全身心地投入学习中去，就教师而言，要多为学生提供与认知体验有关的教材，营造出一个现实的环境，让他们面临对自己有意义的问题，对生活中所碰到的问题进行思考，从而提高他们的创造力，让他们在这个千变万化的世界里拥有更好的适应性，从而推动他们的身体和心理的全面发展。

另外，罗杰斯和其他人本化的心理学者也认为，"学习不但会在人们的认知范围内产生影响，而且会对个体的行为、态度、性格、情感等有一定的影响"[①]。这门课程的核心是情感、认知和行动的融合，要重视认知和情感的平衡发展，强调在教学过程中，学生的意愿、情感和价值观的重要性。要重视教育中的人际交往，将和谐的师生关系和轻松的学习氛围视为新课改成功的关键，主张在新课改中教师要有"诚心""接纳""移情""体谅"等心态，要真诚对待学生，分享思想，开诚布公地交流，做一个"促进者"。

人本教育是对学生主体地位的一种肯定。教学内容应与学生的实际生活经验和社会实际问题相结合；在本课程的执行过程中，师生之间的密切联系、教师与学生之间和谐的教学环境是促使学生积极主动地学习与发展的重要因素。它对目前新一轮的课改，对"生活化"的教学具有重要的指导作用。

5. 建构主义学习理论

20世纪80年代中叶以后，国际上越来越多的学者开始关注建构主义的发展。随着心理学家对人类认知发展规律的研究，建构主义学习理论在知识观、学习观和学生观三个层面上都有了新的认识。建构主义的学生观认为，学生并非空荡荡地走进课堂的，在他们的日常生活中，在以往的学习和交际中，他们逐步地发展出自己的个性化的、独一无二的知识体验，并且对每一件事情都有自己的认知和观点。在面对一个问题时，学生通常会根据自身的经历和体验，对这个问题有一定的认知。教师不能忽视学生已有的知识体验，将新知识强行注入他们的脑海中，而要从他们的现有体验中寻找新的知识点。

建构主义的学习观念强调，学习并不只是一种从教师到学生的单纯、机械的传授，而是一种让学生在自主的基础上构建自己的知识体验的过程。知识的含义并不只是被外界的信息所确定，在特定的情况下，在别人的协助下它还可以被学生使用，在新的信息与原有的知识体验之间，进行反复的、双向作用的

---

① 王利科，赵允康. 论罗杰斯人本主义教育思想的三重维度［J］. 现代农业研究，2019（7）：77－79.

过程中构建，从而得到结果。在此基础上，首先要将新知识和旧知识的体验相结合，使新知识具有重要的含义，并将其整合到现有的认识框架中；同时，新信息的引入也会在某种程度上对已有的信息进行补充、调整、重组或改造，这就是"吸收"与"适应"的统一。

在此基础上，分析影响学生认知能力的因素，并提出促进学生认知能力发展的对策。第一，每一个学生都是在自己原有的知识和经验的基础上，对新信息进行编码、加工和处理，从而建立起自己的认知，而这个认知是别人不能代替的。第二，社交互动的学习。因为不同的经验背景，不同的人对于外界的东西以及所获得的知识和资讯都会有不同的认识。所以，学生在一个学习社区里进行讨论和交流、互动和合作，共享不同类型的学习资源，可以实现共同学习。第三，情境化的学习。知识并不能离开现实生活环境而抽象地存在，它只能在现实生活环境中进行运用，从而为人们所认识。因此，在教学中要对学生之前的知识基础进行全面的考量，为学生搭建一个构建知识的平台，根据学生已有的经验，创造一个有思考价值、有利于新旧知识有效结合的问题情境，提高师师、生生、师生间的交流与合作。教师应该激励学生多角度地发表自己的观点和见解，从而激励他们进行深刻的思考和反思，并寻找出一种能够有效地解决问题的方式和方法，指导、协助学生构建更深层的认识，形成一种更全面、多视角的认知，使学生能够在特定的情境中进行灵活的转移，将所学到的知识应用到实际生活的问题之中。

建构主义的学习理论将学生作为研究的中心，它将重点放在让学生能够在自己的基础上，来构建自身的认知结构，并将其作为一种新的学习模式来加以关注。以上几个方面都体现出新的教育思想，并在一定程度上为我们的教育实践提供了有益的启示。在这种学习理念的基础上，生活化教学将教学深深地扎根到学生的生活中，以他们已有的生活经验为基础，创造出一个他们所熟知的生活环境，把现实生活中的问题和课程进行有机的联系，并指导他们进行合作探索和解答疑问，从而在课堂上进行生活化的教学时，让他们能够对概念、原理、规律等知识进行有意义的建构。

6. STS 教育理论

STS 教育是指科学—技术—社会教育。从 20 世纪 80 年代开始，STS 教育作为一种新的教学理念，在国际上已经得到广泛认可。STS 教育是在真实的技术和社会文化背景下开展的一种科技教学，它的核心理念是将科技教学与当下的社会生活和社会生产紧密地结合在一起，并与当代科学和技术的发展相关联。通过了解和掌握科学、技术、社会之间的相互关系，让学生将对自然界的认识（科学）与人工世界（技术）及其日常生产、生活体验（社会）联系起来，从而发展学生智力，提升学生科学素质，并将所学的科学知识、技术和方法应用于生活和生产，主动参加与科学技术有关的现实社会问题的研究。

20世纪80年代中叶，STS教育理论传入中国，并对新一轮的基础教育课程产生较大的冲击。很多教育家都主张在现有的科学课程中融入STS教育理论，增强科技教学与社会的关系，并根据时代的发展，对科学教学的内容进行相应的改革。

近几年，STS在初中生物课程中的应用，无论是课程理念、教材开发还是课堂教学，都取得了长足的进步。目前，STS教学理论已逐步深入课程、教材、教学三个层次，并成为当前我国初中生物教学的一个主要方向。

二、初中生物生活化教学的策略实施

在新课程的大环境下，教学怎样与学生的生活体验联系起来，也就是怎样在教室里进行"生活化"的教学，这是一个需要广大教师去重视和思考的问题。本节根据七年级下册"生物圈中的人"这一单元的课程内容，从四个角度论述并总结了如何运用"生活"的方法。

（一）教学目标生活化

学生对学科知识和能力进行反思、判断、内化，并在应用学科知识和能力的同时提升个性倾向性。新的课程标准要求学生关注社会发展，尤其要关注涉及生物学的一些社会问题，从而培养学生积极参与社会活动的意识，并具备一定的社会责任感和使命感；要对大自然有一份爱心，要珍惜生命，要充分认识到人与大自然之间协调发展的重要性，增强对环境的保护意识，逐渐培养出好的生活和个人卫生习惯，树立积极向上的人生态度，营造一种健康的生活方式。在教育实践中，教师应注重培养学生学会热爱生活、热爱自然、珍爱生命、培养学生正向的价值观。比如，在教学"身体对外部环境的感觉"这节时，确定的三个维度的目标是：①认识目标：说出眼睛和耳朵的构造及其各个主要部分的作用；概括视听的发展历程；说明造成学生视力下降的原因和防止近视的方法；说出引起听力下降的原因和防止听力下降的方法。②技能要求：能够注意到瞳孔大小的变化，并作出相应的说明；锻炼观察与测量的技能。③情感态度及价值取向：重视眼睛及耳朵在日常生活中的健康状况；建立一种关爱和帮助视、听残障人士的观念。

因此，知识、能力、情感态度和价值观的目标是相互补充和渗透的。为将新课程改革的思想贯彻到实践当中，要将生活在教育目标中的重要性表现出来，在生物教学过程中，要及时地与学生的生活相结合，帮助学生更好地了解所学的知识，提升学生使用所学知识来处理现实问题的能力，同时还能够得到正面的情感体验，培养出一种健全的生活态度和正确的价值观，以此来帮助学生达到三个维度的目标，提升学生的生物学素质。

（二）教学内容生活化

生物科学与人类的日常生活有着密切的关系，生物学中的很多知识都来自人类的日常生活，并为人类的日常生活提供丰富的经验参考。根据新的教学思想和新的教学目的，新的生物课本中加入了很多与学生生活、社会实际紧密相关的知识，在文本的编排和栏目的设置上，更加接近学生的生活实际，使其具有更强的开放性与探索性、趣味性与生活性。所以，在这一方面，教师应该将生物教材中与生活相结合的材料进行充分的利用，将生物知识生活化，让学生对相关内容有更深的了解，并指导学生在生活中进行应用和迁移。在另外一个层面上，教师要擅长发掘生活中的生物知识，利用日常生活、网络、电视、报纸、杂志和书籍等各种渠道和方式，主动寻找并提炼出生活化的教学材料，逐步地将其融合，并持续地丰富这些材料。在教学过程中，要善于发现学生的生活和课程内容之间存在的联系，有目的地选择含有生物知识的生活事例，把真实的生活变成生命体，让学生得到富有生命力的学科知识，同时还能让学生学会观察、勤于思考，从生活中去发现和捕捉生物学信息，并用生物学知识来解释生活中的现象。

（三）教学形式生活化

初中生具有较强的好奇心和较强的独立参与意识。在进行课堂实践的过程中，教师可以根据具体的教学内容，开展多种形式的课堂活动，比如故事穿插、角色扮演、小组讨论、师生互动、实验操作等，这些都是生活化的教学形式。

1. 故事穿插

因为学生都很爱听故事，所以教师可以利用一些有趣的故事来吸引学生，使学生在一个轻松愉悦的环境中学习教材内容。比如，在"激素调节"一节中，教师就可以在"荷尔蒙分泌"这个知识点中插入一些大家熟悉的小故事来加以解释。通过创造一个鲜活的故事情境，来激发学生的思维能力，让他们的好奇心和求知欲得到极大的提升，并且他们还会主动地带着问题进行思考、讨论、寻找答案，进而加深垂体分泌的生长激素会对身高产生影响的认识。

除此之外，教师还可以适当地利用成语和谚语来创设情境，这样不仅能客观、科学地反映生物现象，而且含义深刻，发人深省。

2. 角色扮演

在课堂中，教师要给学生一种角色假设，让其就一个问题进行表演，这样能够增强学生的亲身体验和直观感受，并能够深化学生对知识的理解和强化，进而得到内化的知识。

与此同时，学生也会更加深刻地认识到知识学习在生活中所具有的现实意义，亲身体验到生物知识的重要性和实用性，从而提高将所学的生物知识应用到生活中、解决现实问题的能力。

3. 小组讨论

在具体的课堂教学中，要以教学内容的特征和需求为依据，抓住合适的时机，并与现实相结合，将学生的知识背景和已有的经验作为突破口，从他们周围熟悉的生活事例开始，创造出一个生活化的问题情境，并指导他们在小组讨论、合作探究的过程中开展学习，从而使他们的思维更加灵活，激发他们对新知识的探究兴趣。

比如，在学习"神经系统的组成"这节课的时候，教师可以从学生的亲身体验出发，将其引入新课："上课铃声一响，你就快速地返回课堂，在自己的座位上坐下来，然后快速地寻找教科书，用手指灵活地将课本翻到上节课的内容，这一系列的行为是怎样调节的？"将课程内容和学生之间的关系拉得更近。然后，引入课本上的四个"资料分析"："一名老年人突发中风，虽未伤及四肢，但单侧肢体瘫痪；一名女性的头盖骨上生长了一个肿瘤，它对脑部产生压力，导致她的双目失明；一名选手摔倒在马背上，虽然没有受伤，但也导致了他的瘫痪；一名年轻人，因为腰椎受伤，导致脊柱与腿部相连的神经被挤压，虽然腿部没有受伤，但已经开始发麻，隐隐作痛。"用展示的方式，将一些来自实际生活中的生动事例展现出来，引导学生首先进行自主阅读，然后以资料为依据，敢于提出疑问和困惑，并对患者的发病部位与出现疾病部位存在差异的原因进行思考。之后，让学生进行小组讨论与合作探究活动，引导学生将之与课本中的知识相联系，以患者的症状为基础，对病症进行分析，并试图对病因和发病的部位作出可能的解释和推理判断，同时还可以让学生在自己的理解基础上，勇于表达自己的意见和看法。在分析、交流和讨论的过程中，学生对神经系统在调节机体生命活动中发挥的关键影响有了更深的理解，可以将所学的知识与实际生活相结合，并初步掌握应用这些知识，用生物学科中的知识对相关的生命现象进行解释。

4. 师生互动

在课堂里，教师和学生进行互动，大家一起讨论，互相交流，学习氛围轻松而又活泼。学生不仅主动地回应提问，而且大胆地向教师提问，发表自己独特的观点。

比如，在"食物中的营养物质"一课中，教师可以将其扩展并与能补充人体成分的保健食品相结合，向学生提出问题："我们在电视上总是能见到关于补充维生素、补钙等方面的广告，那么，我们为何要补，怎样补才是健康和科学的呢？"学生对此充满浓厚的兴趣，他们开始发表自己的看法。有的学生说："这种补品可以补充钙质，还可以治软弱、骨质疏松。"有的学生说："虽然营养品可以增加身体所需的某些维生素，但也要适当使用，以免产生不良反应。"也有人回答："不用吃什么补品，多注意日常饮食就行了。"在学生陈述自己的看法之后，教师对学生思维的敏捷及回答问题的积极性给予赞赏与鼓励。接下来，就学生的观点进行分析，并提出："正规的营养保健品在一定程度上能够发挥补钙、补充维生素的保健效果，但只具有调节和辅助的作用，不具有治疗的功效，只适合于特定人群，要在医生的指导下，有针对性地适量服用。若没有遵照医嘱服用或随意服用，则会加重机体的新陈代谢，从而对机体产生无谓的损害。另外，也有一些保健品，被人夸大了效果，所以大家要保持理智，做出正确的选择。"在师生的互动与交流中，培养学生自觉地从生物学的视角来分析问题，指导其在面临日常生活现象与现实问题的时候，可以辩证地对待，去除虚假，让他们在生活中作出的判断与决策都建立在科学原则的基础上，进而建立起正确的、科学的生活态度。

同时，要注意将理论与实践相结合。如七年级下册的生物教材，大部分都介绍与人体结构和生理活动有关的知识，如消化、呼吸、循环等，对于学生而言，这是一个相对抽象、复杂、烦琐的知识，加上学生对人体各脏器的所在部位并不十分清楚，所以容易产生混乱。

5. 实验操作

在初中生物教材中，存在着大量的实验项目。对初中生来说，实验具有很强的形象性和直观性，可以让他们看到一些平常难以看到的生理过程和生理现象。在教学过程中，要注重开设几个生活类的生物实验，让学生自己去实践，从"做"中学。通过这种方式，既能够增强学生的感性认知，让他们得到自己无法忘记的结果，又能够提升他们对知识的理解，提升他们的科学探究思维能力。

比如，在教学"神经调节的基本方式"时，教师让学生坐在一张桌子上，两个人一起进行膝跳反射实验，学生可以用自己的实际操作和直观的生活体验，对反射有一个简单的了解。

总之，在教学中，教师应该以特定的教学内容和学生的特征为基础，采用多种生活化方式。

(四) 教学评价生活化

知识源于生活，又服务于生活。新课程提倡将生物教学置于真实的生活环境中，通过对生物学的研究，加深对其基本理论的认识。研究的目标并不单纯是获得知识，而是要学会将所学到的生物知识进行整合，并自觉地应用于日常生活中，对某些与生物知识相关的生活现象进行分析和说明，并试图解决有关实际问题。

1. 练习生活化

在课程中，教师在授课结束之后，要结合实际情况，对这些知识进行扩展和运用。教师可以通过提问的方式，从学生的生活中找出一些与这些知识相关的问题，或者将这些问题以真实的生活为背景呈现出来。

比如说，在"食物中的营养物质"的教学过程中，可以设计一些生活型的课堂问题及练习题："在一次长跑之前，我们给一个学生提供了水果糖、牛肉干、花生米、牛奶，你觉得他应该选择哪些食物呢？有一些学生常常出现牙床流血的情况，他在日常生活中需多加留意什么呢？患者做完盲肠切除术后，在恢复过程中您会推荐其多食用哪些种类的食品以加速创面的恢复？有些人给他服用大量补钙的药物，但他的身体还是出现严重的缺钙现象，你觉得最有可能是什么原因造成的？"通过设计一些与新知识有关的生活问题，让学生在对现实问题进行说明的过程中，对食品中营养物质的重要影响有更深刻的了解和掌握，感受到所学的知识跟自己的生活有着密切的联系，从而认识到生物知识在现实生活中具有实用意义和价值。

2. 作业生活化

新课标下的作业，既是对传统课标的拓展与补充，又是对学生生物学素质的提升。

比如，在讲授"眼和视觉"之前，教师对全班学生进行一次近视率的调研，了解如何防止近视、如何爱护眼睛等相关知识，并在上课时让学生自由发言，并与其他学生共同探讨造成近视的原因，探讨如何采取有效的防护措施。

在学习"神经调节的基本方式"之后，教师让学生在课后开展"测定反应速度"的探究，引导学生以分组的形式来制订探究方案，并互相交流改进，最终将这个活动付诸实践，并通过"接尺子"的实验来总结，从而体会到科研探究的总体流程与方法。

在了解了"输送血液的泵——心脏"后，教师将学生分成两组，分别进行人体在各种活动及静止条件下的脉搏测试，以探索心跳与活动之间的联系。

综上所述，将练习生活化，将任务生活化，能够加强学生对所学内容的理解和掌握，使学生能够将所学内容与现实生活相结合，发现、讨论、分析与解决问题，在自身的经验与体会中，培养学生学以致用与动手操作的能力，并得到正面愉悦的情感，养成正确的人生态度与价值观念，使其寓教于乐，使其进入生活，学会生物学，为生活服务。

三、初中生物生活化教学的模式建构

（一）初中生物课堂生活化教学的基本操作程序

1. 列举生活实例

在生物教学中，学生已经具备一定的生活体验与知识底蕴，这是生物教学的重要依据与先决条件。教师需要深入研究课本，明确学习目的、学习重点；与此同时，还要做好学情的分析工作，对学生的知识体验、思维方式以及他们的兴趣点进行充分的认识。要以学生的生活经历为基础，通过列举一些生活例子来导入新课，这样可以引起学生的关注，引发他们的共鸣，从而让学生对新知识产生浓厚的兴趣和强烈的学习动力，使他们的感性知识得到充实，同时也为他们的学习指明道路。

2. 提出生活问题

许多生物知识都隐藏在生活中，在进行课堂导入后，教师要将课程内容与学生的生活结合在一起，创造生活情境，引入生活问题，将生物学的知识和问题还原到生活原型、活动情境和认知冲突之中，对学生进行启发和指导，并让其积极思考。以感知生活例子为依据，学生可以将自己置于生活情境当中，从而对与生物知识有关的生活问题产生浓厚的探究兴趣，还可以对问题的可能性展开猜测。

3. 进行探究活动

教师和学生在生活的环境中进行探索，可以创造出一种师生和生生的互动关系。在教学过程中，教师要把学生放在第一位，要起到领导的作用，搞好教学，做好引导者，让学生畅所欲言，积极发表自己的意见，并对学生的学习成果进行积极的、激励的评估，在适当的时候加以点拨、解惑和引导，对学生在学习过程中产生的问题进行及时的纠正。以问题为中心，让学生开展小组讨论，一起合作探究，并主动去寻求问题的答案，在开展这些活动的过程中，学生的感性知识和生活体验会得到充实，与此同时，还可以提高学生的交流与合作能力、实践与探究能力，以及分析与解决问题的能力。

4. 构建知识体系

在学生合作探究学习结束后，教师要对学生进行及时的知识梳理与归纳，对教材的重难点或一些关键性内容进行精讲深化，重视探究活动的理论总结与升华，帮助学生理清知识脉络，掌握知识间的内在联系，并指导学生构建知识体系。在注重感悟生活的前提下，学生要把知识点搞清楚并掌握透彻，要进行自主内化和构建新知识，并牢固掌握生物概念、原理和规律等基本知识。

5. 将知识学以致用

生物学知识在日常生活中的运用范围非常广，因此，教师需要跟现实生活进行密切结合，并对其进行扩展，引导学生将所学到的生物知识运用到现实生活中去，以便分析和解决问题。把学到的知识与大量的实践活动紧密地结合起来，可以使"学"和"用"相互融合，实现知识、能力、情感态度和价值观念的立体目标，有利于从根本上加强对知识、能力、情感态度和价值观念的理解，增强学生对生命科学的理解和掌握，发展生命科学。学生将所学的知识应用到生活中去，能够感受到生物教学的快乐和意义，逐渐地从生物学的角度去认识生活、感受生活，从而培养出正确、积极的生活态度和科学的生活方式，提升生活品质。同时，学生所获得的生物知识在运用过程中也得到巩固与迁移。

（二）初中生物课堂生活化教学模式的初步构建

以中学生物课堂教学为基础，对生活化的教学模式进行初步的建构，强化课程内容与学生生活之间的联系，充分体现"从生活走进生物，让生物走向生活"的理念。但是，我们也要认识到，在实际运用中，这种"生活化"的教育方式仍然有一定的限制和难度，比如，"生活化"的教育方式给教师带来更多的挑战，对教师来说，这是一种更高层次的教育方式。有些教学内容，生活化教学并不是最好的选择。所以，在初中生物课堂上，生活化教学模式的初步建立只是为了给教师提供一种可以借鉴的方法，在它的运行过程中，教师并没有一定之规，在进行实践的时候，教师要以教学目标、教学内容以及学生的学习心理、认知水平等为基础，来进行灵活的调整。

第三节　信息技术，点亮创新思维

一、信息技术与初中生物的整合

（一）信息技术与初中生物教学整合的内涵

每一位教育专家和学者对于信息技术与课程整合都有着自己独特的看法，并从不同的视角，用各种方法对信息技术与课程整合展开深刻的剖析和界定，他们都十分重视对互联网和多媒体等信息技术的应用，以及先进的教育思想的引导。对从事信息技术与课程融合的研究人员而言，不应为它下一个"一刀切"的定义，而应全面地理解它的多重意义，并意识到每一种定义都有其独特的角度和语境。对于大多数的教育工作者而言，重点并不是要给课程一体化下一个界定，而是要对它所支持的理论、假定和基础进行深刻的剖析，并且要对它的实际含义和价值进行批判的认识和度量，以便更好地为我们的教学和工作提供指导。

怎样将信息技术的优点运用到生物教学中，以达到更好的教学目的，从而提高学生的创造力和动手能力，这才是两者结合的重点。

（二）信息技术与初中生物教学整合的理论依据

1. 系统论

信息技术与课程的融合要从整体出发，使其有机相融，构成一个体系，并在这个体系中进行教学改革，让信息技术积极地与教学活动相融合。为此，应以系统理论为指导，对学校信息技术与学科进行综合集成。

（1）对系统理论进行界定。

系统论是一门关于系统的一般模式、结构和规律的学问，它对所有系统的共性进行了分析，对系统的作用进行了量化的分析，寻找并建立起一种可以应用于所有系统的原理和数学模式，它是一门既有逻辑又有数学的新兴科学。

（2）系统的性质。

①完整性。

一个系统是由几个互相依存的部分所组成的，这些部分又有着有机的关系，它们共同形成一个完整的整体，从而完成某种作用。

②相互关系。

一个由多个部分或部件组成的"部件集"，在这个"集"中，各部分的属性与行为之间存在着一系列的关系，这些关系决定着一个系统的属性与形式。

③目标与功能。

大部分的系统都具有某种特定的作用，但并非所有系统都具有特定的目标。

④对生态系统的适应能力。

系统要维持或还原其原始属性，就需要对外界的变化做出相应的调整，如反馈、自适应、自学习等。

⑤动态（dynamic）。

物质与运动有着千丝万缕的联系，任何物质的特性、形式、结构、功能以及它们的规律都在运动中得到体现。要了解一种物质，就必须从它的运动入手，而这个物质正是由于它的动力学特性而产生的。在一个开放的系统中，存在着与外部环境之间的物质、能量、信息等相互交流的过程。通常，一个系统的演化是一个具有指导性的动力学过程。

⑥秩序（sequence）。

系统在结构、功能、层级等方面都存在着一定的取向，这就使得系统呈现出一定的秩序特征。将生物体及生活过程中的有序与目标与其自身结构的稳定相结合，是广义系统论中的一项重大成就。即对系统进行分析，其目标就是要对系统进行调整，使系统中各种因素之间相互配合，使系统达到最优。

（3）以系统理论为基础，提出将信息技术引入学科教学中去的观点。

教师、学生、内容、媒体这四大要素并非孤立的、简单的组合，而是一个相互联系、相互影响的有机整体。在实施 IT 与课程一体化时，不应将两者视为一个独立的整体，而应以系统论为依据，将 IT 与课程一体化。要发挥信息技术与课程的关联性，发挥现有的教育与教学条件的优势，实现信息技术、课程动态与总体的有机结合，以更好地为国家的教育与教学提供更多的支撑，加速国家的教育现代化，为培育符合社会发展需求的具有发散性思维的创造性人才作出贡献。

2. 教育教学理论

（1）现代的教育理念。

在当前的教育理念中，对信息技术的发展起着重要作用和直接作用的主要有以下几个。

①以素质为本的教育观念。

"全面发展""全体发展"和"个人发展"是"三个发展"的核心理念。要以"三个发展"为中心进行设计、实施、管理和评价，并以促进"三个发展"为中心，以促进三个方面的工作质量来评价学校的工作质量。

②终身教育的观念。

终身教育观念是：教育是个人终身持续不断的过程，应当将一个人接受教育的机会和时间分配在整个生命中，并且要使教育和劳动、学习和工作相互交替进行。只有终身的全方位教育，才能造就完美的人。

③教学的双重主体性。

"双主体教育观"的根本思想是：在教育与教学过程中，既要以教师为中心，又要以学生为中心。

④教学改革的创新性观念。

创新性教育观的核心思想是：教育的主要功能是培养和发展人的创新素质。创新素质包括创新意识、创新精神、创新能力。在知识经济条件下，创新能力是一个人最根本的素质要求。

⑤以情商为主导的教学观点。

"以情商为主导"的教学观，其核心思想是："情商"是教学成败的决定性因素。在教育教学方面，我们必须从注重智力转向同时注重智力和情商的发展，这样才能在教育教学方面获得巨大的成就，进而培育出新时代所需求的人才。

⑥教育的四个主干。

四大教学主干理念认为，要让教育以四大基础为中心进行重新设计和组织，才能使教育更好地满足社会的需要。四项基础的学习理念分别是：学会认知、学会做事、学会做人、学会生存。

（2）关于教育的指导思想。

本节从三个方面阐述信息技术与生物教学相结合的基本原理，并对其进行如下探讨。

①赞可夫关于发展性教育的学说。

赞可夫关于发展性教育的学说，主张在最佳的教育条件下，培养全面发展的人才。要以全面发展为教育目的，教育要先于发展；要将其定位于"最近发展区"之内。①

②布鲁纳关于结构发现教学理论。

布鲁纳提出了一种结构发现教学理论，② 即学习一门学科最重要的是掌握它的基本结构；智能教育可以运用于每一门课程，对每一位学生进行有效教育；要想学好，就得用发现法。

③巴班斯基关于教育最佳化的思想。

巴班斯基提出"教育最佳化"的思想，③ 主张将教育作为一个系统来看待，并以系统的视角和方法对教育进行审视；课堂教学的成效有赖于课堂各个因素的共同作用，课堂教学要进行全面分析，全面设计，全面评价；教育最佳化是指在现有条件下，以最小的时数、最小的努力达到最大的效益。

3．学习理论

在哲学上，在认识论的指引下，在人的认知活动中，学生的学习过程就是人的认知心理过程。中学生物与计算机科学相结合，其基本目标是转变传统的学习模式，提高学习质量。因而，探索人学习活动的内部规律，提出一种新的、有意义的、有价值的、可供选择的、可持续发展的学习理论将成为整合过程中最重要的理论基础。

（1）行为主义学习理论。

传统的行为学派将个人的行为视为对外界的一种响应，而忽略内在的思维过程。在这个意义上，把人的学习活动理解成一个消极的外部行为，教师的工作仅仅是把新的知识输入学生的头脑中，学生的工作就是接收、吸收。

（2）以认知为基础的学习观。

根据认知学习的基本原理，学生对外界的知识进行内部的认识和处理，从而形成一套完整的知识体系。学习是一个人和他所处的环境相互作用的产物。教师要充分调动学生的学习积极性，把目前的教育内容和他们原来的认知结构进行有效的结合，并利用教育的方式对他们的认知进行引导，从而推动他们的认知发展。

（3）人本主义学习理论。

人本主义学习理论主张通过学习使个体的潜力得到最大限度的发挥，使个

① "发展性教育"促进师生共同成长［J］．天津教育，2019，562（1）：54.
② 赵清正．探索发现式教学法的理论与实践［J］．江苏教育研究，2007（3）：16－19.
③ 刘兴环，杨学军．谈政治思想教育最佳效果的实现［J］．中国工商管理研究，1996（5）：45－46.

体得到最大限度的发展，实现自身价值的最大化。学习是一种有目的的思维活动，其目的在于使学习者自觉地进行有目的的学习；以全身心（情绪与智力）为主体的学习最为持久和深刻，而以问题情境、同伴与小组为主体的学习更利于学习者的学习。只有将自身的批评与评估置于主体位置，才能更好地培养学生的创造性与自主性。在此基础上，本节提出一种人本主义的学习理论，旨在为今后的教育实践提供参考。

在人本主义教学中，要重视学生的主观能动性，学生要积极主动地参与到教学活动中去，这样才能取得较好的教学效果。因此，教学的内容一定要符合学生的需要、兴趣、爱好。在人本主义教学过程中，教师的任务是为学生的自主学习提供便利，让他们能够更好地完成自己的目标，教师要在适当的时候给他们一些帮助和支持，具体表现在：给学生提供一些学习资料，创造一些环境等。此外，在对学生的学习进行评估时，要注意学生的自我评估和评估方法的真实，学生要对自己的学习和评估负责，要具有自我认识、自我指导和自我评价的能力。

人本主义对学生的全面发展给予高度的重视，"学习"并不意味着只有一个关于事实的积累，它更多的是一种能改变个人行为、态度和个性的学习，因此，在教育过程中，要注重对"人"的整体理解，将"学习"与"情感""意志"的发展相联系，这也是人本主义教学中需要格外重视的一个方面。

（4）关于学习者的建构主义。

建构主义既包含结构化的知识，又包含丰富的非结构化体验。在一定的情境中，学生以自身已有的经验为基础，在师生互动中获得知识；他们用自己的方法来构建自己对事物的理解，因此，每个人看到的东西是不一样的，没有一个统一的、标准的理解。而学生之间的协作，则能让学生对知识了解得更加丰富、完整。

通过上述学习理论的演变，可以看到，在任何时候，信息技术与生物学科的融合，都不能只从一个简单的理论视角来看，而要结合国家和地方的实际情况，吸收不同教育理论中的理性元素，用多样化的方法来引导融合。在具体的实施过程中，应注意其共性与个性的统一，真正做到两者兼而有之。

4. 信息传播理论

在这个体系中，作为一种沟通手段的综合教学，必然要符合沟通的四大规律。

（1）共识律。

所谓"共识律"，就是师生有一个相同的基本认识，才能进行有效的师生沟通。所以，在对教学媒体进行选择时，教师要以学生已经达到的知识技能水平为基础，并与特定的学科内容及教学目标相结合，合理地创造出与之相适应的学习情境，使学生能够将所学的内容与自己已经拥有的知识经验进行关联，进而实现传播教育的目的。

（2）共振律。

共振律，也就是在进行教学的时候，要让教学的信息量和传输的速度与学生的接受程度保持同步，让二者在信息的交换和传播上达到共振。在这一需求下，在使用媒体和技术来进行知识的传播过程中，教师要及时地对学生在学习过程中所发生的改变进行分析，对他们的反馈信息进行搜集，并适时地对其进行调整。

（3）抉择律。

教学内容的选取、媒体的选取、教学手段的选取，让教学目的以最佳的结合形式达到。

（4）匹配律。

在教育传播过程中，不可避免地会使用到各种媒介，而每一种媒介都具有不同的技术特征，要充分利用各种媒介的优势，对它们进行合理的整合，扬其所长，避其不足，让教育传播活动保持一个良性的循环运行，这就是匹配律的基本意义。与此对应，身为教育工作者的教师在进行教学前，应该先对各种教学媒介的特点有一个透彻的认识，唯有如此，才能在教学中实现高效的融合。

（三）信息技术与初中生物教学整合的策略和原则

1. 信息技术与初中生物教学整合的策略

信息技术与生物教学的整合应该以初中生物学科的特定现实为基础，以该学科的教学内容、教学目标、教学对象及教学策略为基础，寻找一个融合的切入点，并与生物教学的每一个环节相联系。应按照下列十项具体战略进行。

（1）知识要点的"切入性"教学方法。

在中学生物教学中，要从生物学的知识要点入手。在中学生物的教育过程中，信息技术可切入的知识点非常多，因此，教师应该将可切入的知识点充分利用起来，围绕着对知识点的揭示、阐述、展开、归纳和总结等环节，使用信息技术展开高效的教育，高效地开展课程整合工作。

（2）使用不同的感官参与学习方法。

在进行教学的过程中，利用信息技术与课程进行融合，力争为学生营造出一种能够以多种感官参与学习的环境，让学生动眼、动耳、动脑、动手、动口，同时还可以通过亲自实验、操作，边想、边做、边练来感知事物、领悟概念、掌握原理。通过多个感觉器官的共同参与，可以极大地提升学生的认知能力，从而让他们从被动地到主动地进行学习。

（3）以思维训练为中心的教学方法。

在教学过程中，以思维的训练为中心，信息技术与新课程的融合将会激起学生的思维热情，这既可以帮助教师强化对学生思维总体素质（敏捷、灵活性、深刻性、宽广性）的培训，也可以帮助教师更好地培养学生的创新能力（发散性、求异性、反求）。

（4）情感驱动策略。

在课堂上，教师应充分利用好学生的情感与非智力因素。在课堂上，教师将信息技术融入课程之中，并将其运用到多媒体教学软件所具有的情感驱动作用之中，对学生的情感进行调节，从而可以有效地锻炼学生的注意力、观察力、意志力以及记忆力。

（5）情境激励策略。

教学取得成效的关键在于使学生对这门课感兴趣，从而使他们愿意学习、喜欢学习。情境激励策略指的是将信息技术与课程相结合，创造出一个教学情境，进行课堂上的智能激励，它需要学生能够快速地、积极地想象出问题情境中的多种解答方式，并利用提高教师与学生之间的情感交流等行之有效的方法来引起他们的学习兴趣，让他们能够在面对新的知识时积极地、主动地学习，以此来激发他们对新知识的探究和发现的热情。

（6）因材施教的战略。

在开始教学前，教师可以通过播放多媒体课件，将各种生物现象或生理过程等呈现给学生，当学生对所播放的内容产生浓厚的兴趣时，教师就可以因势利导，提出问题，设置悬念，从而引起学生的好奇心和求知欲，指导学生进行更深层次的学习，进而达到事半功倍的效果。

（7）实施认知战略。

在实际操作中，因各种因素的制约，无法做到真正的"身临其境"。借助信息技术，能够为学生提供一个真实的或虚拟的学习环境，使他们能够在其中进行实际的体验，并能够在情境中主动、积极建构自己的学习体验。利用仿真教学课件、电脑外部感应器等手段，对一些实验现象进行仿真，并将实际操作的步骤与方式呈现给学生，有助于他们对所学内容的了解。在仿真的动态改变中，学员迅速地掌握实际操作的要领及具体的操作方式，并在仿真中熟练地掌握一些基本的操作技能。

（8）合作探究策略。

随着科学技术的不断进步，合作已经成为一种最基础的互动方式，也成为推动人类社会发展的一个主要因素。在教育过程中，要充分运用电脑网络，让学生在课堂内外开展协作式、探究式的学习，以提升学生的整体素养及对知识的运用能力。在合作探究中，学生不但可以更好地了解所学的知识，还可以提高他们自学、探究、表达、合作等方面的能力。

（9）进行自主探究的学习方法。

信息技术与课程的融合，为学生的自主学习创造了一个很好的学习环境。教师可以按照自己的教育目的，对课本展开分析和加工，选择用何种方式来展现哪些教学内容，并将其以课件或网页的方式展现在学生面前。在完成学习任务之后，学生可以在教师的引导下，通过教师提供的材料或者是自己通过互联网查找材料，进行个性化和合作性的自我学习。这一策略着重于对信息的分析和处理能力进行训练，着重于对海量信息的迅速抽取、重组、加工和再利用。最后，教师与学生共同完成对学生的学习评估与反馈。在教学中，教师扮演一个组织与促进的角色，为学生提供一个基本的框架、总的目标、指导与建议。

（10）教学与娱乐相结合的教育战略。

在教学过程中，运用计算机教学游戏软件，将科学性、趣味性和教育性融为一体，可以调动学生的学习兴趣，达到寓教于乐的目的，从而培养学生的反应速度、决策能力和操作能力。除此之外，运用信息科技进行美术欣赏、制作比赛以及学生作品展示，也可以让学生的学习积极性得到提升，帮助他们更好地掌握所学的知识、发展自己的能力，并培育他们的创新意识，提升他们的创新能力。

2. 信息技术与生物教学整合的原则

信息技术与课程整合不等于信息技术与课程混合，信息技术与课程的融合受多种因素的影响。在运用信息化手段前，必须抓好"三建"。一是硬件建设，即以信息技术为重点的装备与设施；二是软件建设，即课程和教材的建设；三是隐性建构，即一体化的理念与方法论建构，它在此建构中具有决定性意义。具体要特别注意五个方面。

（1）在正确的理论指导下进行实践。

从教与学两个层次来看，每个理论都有其自身的合理性。然而，在现实生活中，任何一种理论都不具备普适性。也就是说，任何一种学说都无法覆盖另一种学说，只能作为一种学说的指导性学说。如果不正确地采用二元对立的思路，就很容易在克服一种"一边倒"的同时，又落入另外一种"一边倒"的境地。而作为一种以练习、培训为目的的教育方法，则存在着理性的因素；在教学中，教师对教学的引导功能表现为：调动学习兴趣，控制和保持学习动力；建构主义主张为学生创造一个进行建构的情境，并为他们创造一个有意义的、有价值的建构空间，使他们能够自主、发现地学习。在结构不佳的范畴内，建构主义更适宜于进阶地学习。而对中小学生而言，因为他们处于知识的积累和思维的发展时期，他们的认知结构还相对较为单一，还没有很好地培养出自我控制能力，因此，教师的指导、传授以及人格魅力的作用就无可取代。

（2）实现课堂教学流程的最佳化。

所有的教育与教学的发展与改革，都是以提升教育与教学的品质为目的，以最大限度地优化教育与教学的效能，并要注意到，融合的效能不是为融合而融合。

（3）实现教育资源的信息共享。

信息技术与课程整合的目标之一就是培养学生良好的信息素养。在这一过程中，教师与学生之间的相互影响是不可忽视的。要方便、快捷、有效地利用各类信息资源开展教育工作，给学生带来大量的学习资料，并培养他们信息的获取、加工、处理、分析和综合评价能力。如果没有充足的信息资源，学生就不会有充足的条件去进行探究，学习质量也不会有提升，因此，信息技术与课程融合就只会成为一种纸上谈兵、低级趣味。这就要求整合网络式的、有导向式的，能适应各水平学生需求的教学信息资源。

（4）建设信息化的教育环境。

根据建构主义的观点，情境在学生的学习过程中占据着十分关键的地位，唯有这些紧密联系的情境，才能激发学生积极主动地学习与探索，并能进行高效的对话，最终实现意义建构。在实践中，可以按照所需掌握的知识点，提前安排好某些资料作为预备。对于较大的单元，可以采取专题活动的方式，让学生根据不同的需求组建一个学习小组，进行不同的收集和整理，在此期间，学生可以利用聊天室、QQ、留言板、论坛等与教师或者同学进行交流，并进行适时的调整，从而为活动的进行提供一个有利的条件。对于小的知识点，或者是一节课的内容，教师要提前准备好与之有关的信息来源，这样才能提升学生学习的兴趣和效果。

（5）实现教育评估的信息化。

在学生的学习效果方面，教师要将信息技术的优势发挥出来，并将其及时地反馈给学生。同时，教师也可根据所获得的信息，适时地对自己的教学进行调整，还可以与家长联系，一起规划学生的学习。除此之外，还可以构建一个学生的电子成长包，根据学科的特征和需要，在教师和学生之间进行沟通的基础上，将有关的信息资源，在进行一些必要的加工之后，装入这个成长包中，再将这些信息资源放到学校网络的班级网页上，让学生、家长和社会都可以在特定的权限下进行阅读，并提出一些看法和建议，这样就可以更加全面地反映出学生的发展情况。

二、信息技术与初中生物教学整合的有效教学模式

(一) 传统初中生物教学的特点

传统初中生物教学的主要内容包括如下七个部分：一是明确的教学目的，也就是我们希望学生在学习过程中能够取得怎样的成果；二是对学生的特点进行研究，即学生在学习过程中是否具备必要的基础知识，在学习过程中又表现出怎样的认知和个性特质等；三是依据培养目的来决定培养学生的学习内容与学习次序，也就是培养学生所需要学习的知识点与学习次序；四是依据课程的内容及学员的特点，确立课程的出发点；五是要制订出一套具体的教学方案，主要有如何规划教学过程、如何选取教学方式等；六是依据教育目的及教育内容，对教育媒介进行合理的选择与设计；七是通过对该课程的教学评估，判断该课程的实施情况，并依据评估结果对该课程的一个或多个部分进行修改或调整。

(二) 新课标下初中生物教学的发展趋势

《义务教育生物学课程标准》的教学思想是："以学生为对象，以他们的整体发展和终身发展为重点；提升生物科学素养（生物科学素养指的是参加社会生活、经济活动、生产实践和个人决策所需要的生物科学理念和科学探讨能力，具体包括对科学、技术和社会的相互关系的理解，对科学的本质、态度和价值观的理解）。提倡探究性学习，努力转变学生的学习方式，让学生积极参与、乐于探究、勤于动手，逐渐提高学生对科学信息的搜集和处理的能力、获取新知识的能力、分析和解决问题的能力等，注重对学生创新精神和实践能力的培养。"

《中学生物学教学论》一书指出"生物学科"的重要意义：第一，提高学生的生物学素质。中学生物课程的各项要求以及生物教师在教学过程中所做的一切工作，都旨在提高学生的生物学素质。二是为学生终身学习与发展奠定坚

实的基石。三是有利于学生走上社会，择业、选择专业和确定继续深造的专业。

生物是自然科学中一项基本的学科，它主要是对生物体内存在的各种现象及其变化的规律进行研究。大致有四点：

第一，从整体上提升学生的科学素质。当前，世界各国都以培养高素质的科学人才为首要目的，例如美国在《国民科学教育标准》中就清楚地指出：提高学生的科学素质是我们的教学目的；加拿大大西洋省的科学课程也描述了具有科学素养的人应具备的特征；科学素质的含义不仅注重科学、技术和社会三个层面的联系，而且还注重人的发展，其中包含人的探索意识、创新意识、价值观、审美情趣、社会责任感等。

第二，打破"以专业为本"的教学模式，实行"专业"与"专业"相结合的教学模式。随着生物学科的持续发展，生物学的教学内容也变得越来越丰富，由此产生了一种情况，那就是：在生物学科中，学生的学习时间有限，学生的精力有限，与教育内容的数量庞大之间存在着一种冲突。而要解决这一冲突，最有效的方法就是设置一门必修课程和一门选修课程。

第三，以实验为先导的教科书安排，来指导学生的探究与发现。加强对学生的实验和科研技能的训练，并将其融入教学内容中去。

第四，新一轮的教育教学，正在由"学科学"转向"做科学"，强调对学生科学思维能力的培养，注重对其创新精神的培育，这对 21 世纪创新人才的培育具有重要意义。

综上所述，国际上有关生物学的改革与发展趋势是：注重学生的主体地位，使学生的科学素质得到全方位的提高；突破专业本位，实现教学内容的多样化；教学内容以实验为导向，以探究为导向，注重学生能力的训练；在教学中，应重视 STS 教学；当前，新一轮的教育教学正在从"学科学"转向"理解科学""做科学"。

（三）信息技术与生物教学整合的有效教学模式

1. 教学模式概述

教学模式是一种以某种教育原理为依据，为达到某种具体的教育目标，把教育中的各种因素按照某种规律进行结合，形成一种比较稳固、具备可操作能力的相对固定的模式，它包括一种或几种教学策略。在此基础上，本节提出一种基于"信息技术与初中生物课堂教学整合"的新的实验研究方法。

（1）激励。

利用信息技术，创造出一个栩栩如生的情境，从而让学生产生独立或合作的情感，让学生能够主动、有效、愉快地学习。

（2）自主探索。

利用信息技术，为学生提供具体的、丰富的材料，创造出典型的实物形象，发展出一个进程，并设置一些问题，引导学生去观察、去认识、去理解，去探究一些新的知识。

（3）开展协作与沟通。

在真实环境或虚拟情境中开展教师与学生的互动，以"主导"和"主体"的角色，开展生生互动，让学生相互探讨，交流自己的心得，在互动中共同进步，发展能力。

（4）研究对象的反馈评估。

对学生的独立或合作学习进行及时的反馈，并对其进行分析和评估，从而改善课堂的教学方式，提升课堂的效率。

在这四大要素中，教师与学生之间的互动是最关键的，所以要发挥教师的主导作用和学生的主体作用。教为学服务，以提高学生的自学能力和合作能力为出发点。因此，在设计和应用模式时，要注重教师和学生两种角色的相互配合：第一，要以学生的学习目的为导向；第二，把教师的教学转化为学生的"学"；第三，将教师对教学方法的设计转变为对学生学习方法的引导；第四，将教师的提问转化为学生的设疑；第五，把教学工具（多媒体电脑）变成学习工具，让所有人都能在教室里活动，人人都能看、听、说、思、议，最终实现创新能力的发展。

2. 整合中常用的教学模式

（1）以"情境—探究"为基础的数字化教学模式。

"走进课堂"是信息化与新课改融合发展的必然趋势，这里的"课堂"是我们所说的日常课堂教学，而不仅仅是示范课和公开课。由于目前我们的教学活动还以在教室里进行为主，根据我国中小学的实际情况，大多数的教室只配备一台电脑。即便是在世界上最先进的国家，也很难有一比一的生机率。所以，我们应该把重点放在单机情况下的学习上，而不应该局限于人手一机的学习上。

以数字资源为基础的"情境—探究"辅助教学模式，它的应用领域就是配备示范计算机的多媒体教室。它的实施有六个步骤：

第一步：从课程的角度出发，结合课程的具体内容及学生的具体情况，制定相应的学习目标。

第二步：运用数字化资源，创造探究式的学习环境。

第三步：根据所处的数字背景进行提问，利用 Word、实物展示等信息表述手段，形成意见并发表。

第四步：利用数字资源所呈现的学习情境，引导学生进行深入的观察和探索，从而找到事物的特征、关系和规律。

第五步：利用幻灯片等信息处理手段，完成意义构建。

第六步：利用评估工具，让学生进行自我学习评估，以便能够及时找到问题所在，并获得反馈信息。

（2）"主题探究—协作学习"的在线教学模式。

这种集成方式是根据教育和学习目的，设定一套有关的研究课题，学生可以在所选定的课题上，以一个人或一个小组为单位，利用自己所拥有的信息技术方法，来获得与之有关的各类信息，然后对所得的信息进行整理、加工和创新，从而求解相应课题中的每一个子问题，进而完成课题所包含的知识含义的建构，达到学习目的。

在这种信息检索、采集、筛选、整理、加工和创造的实际操作中，可以有效地训练并提升学生对信息的获得能力、整理信息的能力、创造信息的能力以及独立学习和协作学习的能力。在面对海量与课题有关的知识信息时，可以极大地扩大学生的想象力，持续地刺激他们的创意灵感，通过对知识信息进行重新创作和意义建构，达到教学目的，在此过程中还可以培养学生的创新精神，从而提升他们的创新能力。

因为该教学方式的大多数课程都是以学生的独立活动为主要内容，并且要在很多的信息技术的帮助下才能够实现最后的主题学习成果，所以对学生的学习能力、协作能力以及信息素质等方面有很高的要求。

该模式有以下八个步骤：

第一步：在教师的带领下，让学生去做一些社会调研，找出可供学习的课题，然后按照他们所学的内容来挑选和决定他们所学的课题。

第二步：制订专题研究方案，并组建合作研究小组。

第三步：教师给出与学习主题有关的资源目录、网址及资料收集方法和途径，并引导学生在有关的页面和资源中进行阅读，对得到的信息展开去伪存真、选优除劣的分析。

第四步：安排相关的合作式学习来解决问题。

第五步：根据已有的材料，完成一份与课题有关的调查报告（可以是文字、电子稿，也可以是网站）。

第六步：把自己的作品展示给所有的学生。

第七步：通过对教材进行分析，得出自己对教材的看法，从而完成教材的意义构建。

第八步：从意义构建的角度来检验目的的达成情况。

（3）以网络为基础的自主学习模式。

基于网络的自主学习模式适用范围是多媒体计算机教室，该模式的特点是基于专题学习网站或专题学习工具。在此基础上，通过"导学"的方式，利用电脑、资讯等多种手段，让学生主动参与教学活动。与传统的教学模式比较，教师的角色已经从单纯的知识传授者变成学生学习的指导者。学生自主学习的教学设计是"学案"而不是教案，它将教学目标一步一步地推进，针对较难、较重要的问题，提供一些"启发式"或"辅导式"的帮助。

该模式可分为八个步骤：

第一步：依据所学的课程，选取与此教学方式相适应的课题。

第二步：以所选课题为基础，结合本专业的教学内容及本专业的教学现状，为本专业制定相关教学目标。

第三步：将网络技术充分运用起来，尽量创造出各种各样的情境，如问题情境、应用情境等，以此构建出一个有利于学生进行自主学习的网络化学习环境。

第四步：为学生提供更多的资料，以提升他们在课堂上的学习效果。

第五步：学生充分地利用教师所提供的网络学习环境和数字资源，展开自己的独立学习。在有需要的时候，同学之间还可以协商，教师要对学生的学习展开引导。

第六步：以自主学习为依据，呈现出自主学习的效果，并由教师对其进行评估和总结。

第七步：在自主学习中，在观察他人的成果以及教师的归纳与总结中，让学生最终完成意义构建。

第八步：让学生运用所学到的知识，做一些创新实践，加深他们所学习到的内容。

（四）信息技术应用于初中生物课研究性学习的教学模式构想

1. 教学目标

教学目标应更加重视以计算机网络为中心的信息技术的运用，借以推动学生的成长。

（1）实现对知识的及时有效获取，提高提问能力。

（2）对信息进行筛选，并对其进行批判、创新的使用。计算机网络为我们带来大量资讯，同时也带来资讯的鱼龙混杂。所以，教师应该指导学生主动地利用计算机网络，在应用过程中提升他们对资讯的鉴别能力，并且能够根据研究话题，批判地、有创意地应用这些资讯，从而能够用一种科学的思维方式和方法来解决问题。

（3）合理有效地利用计算机网络，进行独立的探索与合作，并能有效地解决问题。在研究性学习中，计算机网络起着资源库、信息处理、交流、存储、成果发布等作用。充分发挥计算机网络的这些作用，并融合学生参与活动和实验等获取的直接经验的多种信息，进行独立的探究，并主动与学习伙伴合作，解决问题。

2. 课前准备

（1）系统软件和硬件设备的设置。

在班级（或实验室）建立一个网络环境，既可以是局域网，也可以是校园网，有条件的学校可以接入互联网。一台计算机作为教师机，其余的作为学生机。教师机可以同时充当服务器或管理机，学生机可以视情况而定，可以是一人一台，也可以是一组一台。每台电脑都有 windows 98 或更高级别的操作系统和网络教学平台软件，还有 Word、Excel、Powerpoint 等办公软件，Internet Explorer 网络浏览器等。教师机与学生机的网上教学平台在大多数情况下具有相似的功能，但是教师机应该具有更多的对学生进行管理与监督的功能。

在课堂教学中，顺利地进行信息的交流和展示，取得好的互动效果，都离不开计算机的辅助。所以，要建立一个网络环境，就必须选择一个合适的网络教学平台软件，该平台软件应该具有以下几个特点：对硬件环境的要求不高，所占的空间很小，运行速度很快，操作简单，功能键一目了然等。由于学校在软件和设备上都比较落后，在技术上也比较薄弱，因此，建立一个简单实用的管理体系有助于网络教学平台软件的普及和应用。

因为学生自己的知识形成需要在特定的环境下进行，所以这套网络平台软件应该具备如下四项基本功能：

①数据库（备课区）。

专用于教师机的预习资料和背景资料的存储、修改。具体内容有：学科背景知识、拓展知识、最新科技动态等（由师生共同搜集）。

②网页。

使用多媒体技术所做的网站，就像平时教师在课堂上使用的一块电子黑板。该网页以粗略的线条勾勒出学习的轮廓，并列出学习的题目、目标、要求等。在中央地点创建一个问题场景，然后使用电脑上的超级文字节件来连接有关的资料档案或者国外的网页。

根据"格式塔理论"，学生对"视觉感知"的感受是决定其效果的重要因素，而这种感受的规则应该是网站设计与评价的依据。网站设计的感知法则主要有图与背景的对比法则、简明法则、接近法则、相似法则、对称法则和封闭法则。

③论坛和讨论区。

它是师生之间信息交流和信息获取的地方。讨论区是一种类似于论坛（BBS）的地方，可以让教师根据学生在讨论区中遇到的新问题提出一个主题，并将其记录下来，让学生围绕这个主题展开深入的思考与探讨。在这里，学生不用面对教师，可以畅所欲言，不用害怕教师的指责，也不用害怕直面教师时的尴尬，他们可以就与各自课程有关的问题畅所欲言，畅谈自己的心得体会，如果他们有什么想法或者观点，就可以在讨论区发帖，让志同道合的人一起来研究和讨论。

④作业展示区。

在学生将作业完成之后，将其提交到作业展示区，这样既可以让教师对其进行评价，又可以让学生之间进行观摩和借鉴，以及为后续的研究和学习提供资料，还可以将其放到学生的学习档案袋中，展开对其的过程评价。请务必指出，提交作业展示区后，不得更改，以免出现错误，或者被学生故意篡改，导致资料遗失，最好在作业展示区设置一个可让访客评论的选项。

（2）对教师和学员进行信息技能的培养。

在整个教育过程中，结合信息化教学团队，对师生进行相关的技能训练。同时，教师也应该具有自己编写课件和网页的技能，因为这能够更好地达到教学目的。

3. 实施过程

在课堂上，将学生的自主学习和小组合作学习有机地融合在一起，从而使学生学会自主学习和合作学习。

（1）问题情境的设置。

学生根据自己的用户名和密码，登录到服务器（教师机）就可以进入网络教学平台的主页。在主页上，教师用问题或者用动画的方式，向学生展示他们即将要学习的生物学知识，这会导致学生的认知结构和周边的情况之间出现失衡，吸引学生对学习对象进行关注并产生浓厚的兴趣，同时利用所创造的问题情境，帮助学生了解他们所要学的内容，从而明确老师的要求。

（2）在线教学。

在这一过程中，学生逐渐融入自己的教学过程中。学生的自主学习指的是，教师并没有直接给学生一个问题的答案，而是让他们在自身学习目标的引导下，利用自己的知识和能力，去进行研究和探索。下面以"唾液淀粉酶对淀粉的消化作用"为例，详细阐述在线教学的步骤：

①发问。

以网页上所创建的问题情境为基础，每位学生都可以对自己感兴趣的问题进行提问，并进行解答。最后，学生可以用网络投票或人工统计的方式，选出2到3个班级中最有兴趣的主题。请学生以个人或小组的形式，依据所设定的研究主题（此题目可于上课时讨论）进行探究。老师可以设计这样一个问题："你试着回忆，当你把食物放进嘴里时，它会不会有变化呢？"

②提出假设。

以自己所拥有的知识结构为基础，或是借助在互联网上对数据库或有关网站上的资料进行检索，从而得出一个假设，再综合各个方面的信息，试图设计出一个可以对问题进行解答的方案，经过对这些问题的讨论，最终得出一个切实可行的实验方案。在网上数据库中，找到关于口腔的结构和关于消化的有关知识，并展开小组讨论，最后得出"口腔中有消化液，也就是唾液，它与米粒（淀粉）产生作用，从而让淀粉产生改变"的假设，并以已经学过的实验法和"淀粉遇碘变蓝的特性"为依据，利用网上数据库中的有关资料，进行讨论，最终设计出实验方案。

③对假设进行验证。

按照所设定的实验方案，再通过实验或网络上的问卷调查来验证所提出的假设。在对一个假设进行验证时，常常要求进行一系列的修改。在对实验"唾液对淀粉产生改变"的假设进行验证的时候，可以使用实验室所提供的浆糊、碘液、试管等物质来展开实验，将实验中所观测到的现象在网络上进行交流，并向其他小组的学生提出问题，还可以在网络上查询别人做过的实验结果，对造成实验结果的因素进行分析，从而对自己的实验进行持续改进。

④总结。

就探索课题给出自己的结论，写一份总结或启发。在进行大量的改进，并在网络上查阅大量的数据后，我们发现，唾液中含有一种可以降解淀粉的唾液蛋白酶，它可以将淀粉分解成麦芽糖。有些组的学生，即使得出与此相反的结论，但是他们可以在网上进行讨论和交流，并对自己的实验过程进行分析，从而找到对实验产生影响的因素，还可再次进行实验，将干扰因素（温度、添加碘液的数量、作用时间长短）进行剔除，并设计对照实验，从而获得相应的结果，也可以安排在实验总结中，对造成这些结果的因素进行分析。在进行"自主学习"的时候，还可以通过计算机网络展开合作学习，在聊天室或者是在讨论区与其他的同学以及教师就自己的学习成果进行沟通，同时还可以对有关的问题展开讨论。在自主学习的过程中，所得到的对某个生物学话题的意义构建，在某些情况下，可能会出现不够完整和准确的情况，这就要求学生在一个互相合作的学习团体中，对各自的观点、假设展开批判性的审查、协商和辩论，让各种观点可以碰撞，从而加深、补充和修正每个学生对当下问题的认识。

根据建构主义的观点，人的认知发展程度大致经历"信息—知识—智能"这一过程。因此，本节提出一种基于认知结构的学习方法。在这个过程中，问题和知识是通过"任务"联系起来的。探究性学习是一个信息的收集、筛选、组织和赋予其含义的过程，在这个过程中，学生必须利用自己已经掌握的知识和智力，并将新掌握的信息转化为增强自身知识和智能的技巧。所以，在进行探究式学习的过程中，对学生的要求和期待都不能离开他们原来的知识储备，特别是在利用互联网查找信息的时候，教师要扮演一个领航者的角色，让学生搜索到的信息与他们原来的认知结构发生互动，让他们把新的知识纳入认知结构中，重新组合，进而得到对数据的了解，把它们转换成知识和智慧。在学生网络讨论的学习中，教师应当关注的问题是，要对互动活动进行监控并予以介入，以确保学生讨论与探索所应达到的深度。若让学生自由发挥，则他们对所谈的问题通常只是一知半解，而不会进行深度的"思索"，而且他们的讨论很容易偏离主题，或者出现杂乱无章、随意闲聊的情况，因此，教师应该及时地进行提示和批判。所以，在网络教育中，教师可以采取苏格拉底式的发问方法，在论坛上发表文章，让学生自己去思考和探究，并尝试着在讨论中一步一步地将问题推向更深的层次，从而帮助学生更好地了解所学习的知识。要激发和引导学生自己去发现规律，对不正确或不全面的知识进行修正和弥补。

4. 评价

在研究性学习的评估中，既要考虑到研究成果，也要考虑到学术水平的高低，更要考虑到研究内容的丰富程度和研究方式的多样化，并着重于让学生学会对数据进行收集、分析、归纳、整理和处理。《基础教育课程改革纲要（试行)》指出："要充分利用评估的作用，促进学生发展，促进教师提高和改进教学实践的功能，更加注重学生在每个阶段的态度和行为，注重评估的过程，注重学生的自我评估和改进，让评估的过程变成学生学会实践和反思的过程，并学会发现自己、欣赏他人；要注重知识技能的应用而非掌握知识的数量；重视个人的探究式实践，从探究式的学习中得到领悟和体会，不能一味地听信他人的教诲；要重视全体同学的参与度，不能仅重视几个优秀的同学。"

（1）评估对象。

在进行评估时，评估者可以是教师，也可以是学生自己，还可以是小组成员、班级同学或班级之外的人，例如其他班级的学生、教师或家长等。

（2）评估内容。

①学生的学业成绩。

学生的学习成果包括：上课时的功课、课外的功课、所提的有建议性的建议、对其他同学所做工作的评估等。

②对学习的投入程度。

在学习的过程中，学生的很多外在行为体现出他们对学习的态度。如，他们在网络上进行的讨论、他们的参与程度（发言的数量和质量）、他们是否会认真参与每个合作小组的活动、他们是否努力完成自己所承担的任务、他们是否认真地进行数据的收集和分析，并进行积极的建议和研究。

③从学习过程中得到的体验。

在学习的过程中，学生所获得的体验状况，主要是由他们的自我陈述、网上发言及课后的心得体会和反思来反映的，这也会在一定程度上反映到他们的行为表现中。

④学生的创新精神与实践操作技能。

比如，要查看学生在网络发言中，是否有自己独特的观点，所提出的问题是否具有创新性，还要通过学生对开放性问题的回答和课后作业的完成情况，方式方法是否具有多样性等来考核。

（3）评估的途径与方法。

比如，在网络论坛上的发言、在作业展示区对同学作业的评论和电子邮箱里的信件等，都可以被储存在电脑里和作业一同被放到学生的个人资料夹里，从而完成一个过程的评估。同时，网络考试还能自我评估，为教师评估学生提供一个参考。

第四节 合作学习，促进创新思维

一、初中生物教学中开展合作学习的必要性分析

合作学习是中、小学课堂中普遍采用的一种新型的课堂形式，对提升学生的学业水平、改善教学效果、培养学生的合作精神和合作技能具有重要意义。但是，从另外一个角度来看，合作学习是在学校中进行的一项重要的教育和教学行为，其对学生道德品质的影响也是一个不容忽视的问题。中学生物课堂合作学习的重要性包含以下三个方面。

（一）合作学习克服了传统授课制的不足，为初中生物教学注入活力

当前，中学生物教学以课堂教学为主，这种授课方式由于效率高、有利于教师发挥主导作用而长盛不衰。然而，在这种教学中存在的一些问题，如"一刀切"、教师主导、学生被动地接收等，都引起人们广泛的争议。各个班级难免会有水平高低不一的学生，教师要想照顾好各个水平的学生，可能很困难，经常会有一些学生"听懂了"，然后老师继续讲解和分析。在现实生活中，教师由于忽略课堂中学生的个体差异，造成"少、慢、差、费"的现象。基于群体教学、以群体活动为主要方式的协作学习，可以很好地克服这一难题。首先，在合作学习中，将学生放在自己的主体性位置上，让他们都能在课堂上发挥出自己的作用，让他们能够真正体会到课堂的快乐，从并原本的被动接受知识、死记硬背转变到主动去探究知识、获取知识，这样就提升了他们在课堂上的学习积极性和主动性。而在另一种意义上，在协作学习中，提倡的是同学之间的协作、互助，这种方式可以解决老师所不能兼顾的问题，让每一位学生都可以获得发展，获得成功的经验，从而为课堂带来一种新的活力与生机。

（二）合作学习有利于提升生物学习效率，培养学生的合作精神

当今社会，在激烈的竞争中，学生需要更好的团队协作精神。在合作学习中，按照其分工，每一个人都有自己的职责，每一个人都知道自己的成功和团队的努力是分不开的。因此，每一个人都会积极地、认真地去做，在做的同

时，也提升了学生各个方面的能力。与此同时，在团队中，学生也会在一起进行交流、互相帮助、互相借鉴。学生的相互影响和相互帮助有着深刻的含义，可以让学生更好地参与到活动中，从而提升学习效果。所以，毫无疑问，合作学习将生生互动的重要作用凸显出来，在中学生物课堂中进行合作学习，能够让每一位学生都能在交流中获益，从而推动他们对知识的了解，提升他们学习生物的效率，培养合作精神。

（三）合作学习注重全面发展，有利于认知与技能目标的均衡达成

传统的教学观目标比较单一，而合作学习的目标观则全面而均衡，不仅包括认知目标，还注重情感目标和技能目标。在传统的课堂中，教师的授课占据主导地位，而学生则是在消极地接收着知识。学生之间没有什么实质的交流，教师和学生的交流也大多是单方面的，因此，学生缺少情感态度与价值观的形成和表达的机会。但是，在合作学习的过程中，小组成员之间可以互相沟通、互相辩论、互相指导、互相学习，一起提升，这样的过程不仅充满温暖和友爱，还充满互助与竞赛。在团体中，大家都乐于表达自己的想法，也乐于听取别人的建议，并乐于帮助别人，从别人那里获得帮助。在这种融洽、和谐的学习环境中，可以培养学生良好的人际交往能力和协作能力，从而更好地将教学任务进行下去。在中学生物课堂上实施协作学习，可以使学生在认知、情感和技能三个方面达到平衡。

二、初中生物教学开展合作学习存在的问题

（一）对合作学习的教学设计不够科学，未能很好地完成教学目标

教师对教材重点内容编排意图的理解和教学设计是影响初中生物合作学习效果的非常重要的因素。许多教师都意识到协作学习的重要性，并在课堂上进行了尝试，这一点应该受到鼓舞。然而，也有一些教师，在没有做好充分的前期工作的情况下，就匆匆忙忙地开始，到了学生刚刚进入角色，思维还没有充分发挥作用的时候，他们反而会因为害怕时间不足而停止协作，导致教学效果不佳。因此，当我们开始进行协作学习的时候，就要求教师认真地做好充分的预备工作，其中最为关键的一点，就是对课本内容的了解和进行课堂教学的准备工作。传统的教学计划大多是以"教师为中心"，只针对教师"教"而进行的，忽略对学生"学"的关注。如果不能充分理解教师的意思，就不能充分

发挥自己的主观能动性，这就会严重影响到合作学习的实施。针对上述问题，笔者试图将"教案"与"学案"有机地融合在一起进行课堂教学的设计。学案是教师以学生的认知水平和知识经验为基础，为学生展开积极的知识建构而编写的学习方案，它有助于学生对课本内容的理解，搭建起学与教的桥梁。学案是在教案的基础上，为满足学生的学习需要而设计的一种学习计划，可以让学生了解到教师的教学目的和要求，使他们能够做好准备，并赋予他们知情权、参与权。在进行协作学习的时候，要将所学的内容分配到各个小组中去，让每位学生都了解到自己需要去做的事情，需要掌握的知识、技能，避免将珍贵的课堂时间浪费在某些细节上，从而更好地实现协作学习的教学目标。

（二）过于注重形式而忽略了合作学习的实质，导致学习效果不理想

初中生物新课程标准提倡自主、合作、探究的学习方法，而合作学习就是它所倡导的一种学习方法，受到许多教师的欢迎，许多教师都会在自己的课堂里对此进行实验，仿佛只要开展小组讨论、合作探究，就能真正地反映出新的课程改革标准。这样做的后果就是，学生太看重它的形式，而忽视它的本质。例如，在教室里，经常可以看到学生聚在一起进行小组讨论，但是，他们之间的沟通却很少，说话的都是同一批学生，或者说的都是与问题毫不相干的内容，没有互动，没有互助，没有责任心，这种情况下，就不能充分地体现出团队的作用，他们的学习成果也不能完全体现出这个团队的整体水平。在中学生物学课堂上进行合作学习，一定要注重它的本质，将学生的主观能动性和积极性完全激发出来，将其自身的优点发挥出来，从而提升其学习的成效。

（三）缺乏有效的激励机制，导致学生参与度不平衡，合作不够主动

在中学生物教学中，实施"协作"教学，有利于培养和提高学生的协作能力。但是，在实际操作中，却经常出现这种情况：课堂上的集体学习活动出现"学霸说，学渣听"的情况；学生在课堂上激烈地谈论着协作学习以外的话题；一些学生根本不参与讨论，不发表意见，也不仔细听同学们说什么，好像这个团体根本就和他们无关。究其原因，主要在于缺乏有效的激励机制。教师要对在这次活动中取得优异成绩的团队或个人，适时地给予赞扬，并对那些在这次活动中持续不断地投入精力的个体给予赞扬，使学生感受到一种成就感，感受到受人欣赏、受人尊敬，从而提高学生参加活动的积极性和主动性。这就要求在进行协作学习的过程中，教师要像一位"有心人"，对全班进行密切的观察，并制定出一套行之有效的激励机制，不然，在课堂上进行协作学习

就无法发挥出它的功能，也无法体现出它的价值。

（四）对初中生物教学合作学习的评价机制不完善，重整体而轻个体

毫无疑问，合作学习是一种以群体成绩为奖励基础的教学活动，但不代表可以忽略个体，也不代表可以对每个学生进行有效的评价。在进行教学的时候，教师会将更多的评价和奖励放在团队的总体上，而忽视学生个体的发展，这将会影响到一部分学生参加合作学习的热情和主动性，也会丧失原本的合作学习的意义。所以，在目前的情况下，在中学生物教育中开展合作学习的过程中，在对整体进行评估的时候，一定要对个体也进行评估，并尝试建立一个既有利于个人良好发展，又有利于集体健康成长的双轨评估机制，只有如此，才可以保证在中学生物教育中，可以科学地、有效地开展合作学习，从而达到推动学生个人发展与团队合作意识培养的改革目的。

三、初中生物有效合作学习的过程

小组合作并非拿来就可以直接用的。为了使课堂教学更好地进行，在开展小组合作之前，必须做好充分的准备工作。

（一）组建合作学习小组

1. 小组组建

在开展协作学习前，科学地组织协作学习小组是非常关键的。对初一学生而言，并不需要太快地将他们进行分组，而是可以采取一种比较常规的方法，经过一个月或者一个学期的学习，对他们的学习成绩、性格特征、学习能力以及组织能力进行全面的调查，这些都是将他们分组的主要基础。在进行小组分配前，需要对初一刚入学的学生展开一系列的动员工作，了解学生对合作学习的认识，让他们明白合作学习的重要性，从而让他们对合作学习产生浓厚的兴趣。分组时，应以 4 人一组为佳，将每个班分为几个小组。成员过多或过少对团队协作都不利，例如：2 人一组，不利于互相沟通、互相帮助；6 人一组，有的团队成员彼此相隔很大，不便于相互沟通；44 人一个班，分成 11 个小组，编号 1～11 组；45 人一班，分成 11 个小组，有一组是五人。在进行分组时，通常会遵守"组内异质，组间同质"的原则。比如，一个班有 40 个人，按照他们的学习情况，1 到 10 是优秀的，11 到 20 是中上的，21 到 30 是中等的，31 到 40 是后进生。每组有一个优秀学生，一个中上学生，一个中等学生，一个后进生。再将每个小组成员编号，1 号为优秀学生，2 号为中上学生，3 号为中等学生，4 号为后进生。例如，第一组中的 1 号标记是 1-1，2 号标记是 1-2，3 号标记是 1-3，4 号标记是 1-4。组内异质是指一组中的学生，他们的学习能力各不相同，存在差异，在一个小组中，有优等生、中上等生、中等生和后进生，这有利于他们之间的优势互补，相互帮助。组间同质就是要尽可能地让每一个群组都处在同一层次，难以区分优劣，这样才能确保群组间的公平性。

2. 座位编排

分组完毕，接下来就是座位编排。每一组的前面和后面都有一排学生，坐的位置都面对讲台，形成一个"田字形"，在进行互动协作时，前面的学生转向后面的学生。第一排是一号和二号，第二排是三号和四号，每一组中具有同样号码的学生都会被安排在同样的座位上，因此，每一名科任教师都可以将每一名同学的学习情况了解得一清二楚，这对教师用不同难度的问题来向不同层次的学生提问有很大帮助。笔者曾进行了"马蹄形""半网形"等座位布局的实验，座位侧面朝向黑板，学生相向而坐，这种方式有利于学生讨论问题，交流意见，但缺点是当教师讲课时，学生往往会与对面的学生交谈，无法专心听讲，因此，实验结果并不令人满意。

3. 职责分工

分工明确，确保团队协作的成功。在一个进展顺利的协作学习过程中，团队中的每一个学生都会有一种积极地参加协作的内在动力，每一个学生都会投入更多的精力，将个人的荣耀和团队的荣耀结合起来，并让大家都能参加协作学习，都能为团队做出贡献，这是一种义不容辞的职责。但是，在现实生活中，一些学生在集体活动中很可能会成为一个"听众"，逐渐掉队，并产生不愿参加的情况，也可能会有一些学生承担了所有的工作。在组建团队之后，教师要给团队中的每个人分配不同的工作，做到各司其职。每个小组有一个组长，一个副组长，两个小组成员。作为小组的核心，小组组长应选一名成绩优秀、有组织、有协作精神的学生。小组长的工作内容主要是：要组织自己的成员进行协作与交流，具体内容包含课堂上和课后的各类竞赛活动，还要注重小组的纪律卫生，要督促每个成员为小组做出贡献，要对小组中出现的问题进行及时的记录，并在每周班会课、考试后的家长会上，代表自己的团队向大家汇报小组的学习成果。副组长主要负责小组成员之间的情感交流，领取、回收实验资料，提交作业等，辅助小组组长做好其他工作。

每个组，都可以有自己的名字，比如"学霸组""精英组"，或者是一句励志的宣言，然后，四名组员集体拍一张照片，将组名和宣言，写在班级小组合作栏内，并将照片贴上。在此基础上，教师还可以在课堂上开展各种形式的集体活动，增进学生间的情感交流，激发学生的集体精神。小组活动板块张贴在班级教室的黑板旁边，相当显眼，教师和学生随时都能看见。

（二）建立和谐的师生关系

建立融洽的教师与学生之间的关系，是实施团队协作取得成效的基础。调查结果显示，融洽的氛围可以提高学生的思维能力，提高他们在学习中的积极性。为此，笔者在自己的课堂教学中，努力营造一个融洽的课堂氛围，让学生尽快地融入课堂中去。"亲其师，信其道"，教师要真心地关爱学生，让学生感受到教师的真心关怀，从而喜爱教师，喜爱教师的教学。

首先，要多与课代表交谈，表扬课代表的工作，鼓励课代表为班级效力，课代表在班级中发挥着很大的作用，比如：及时收发作业、上传下达任务、反馈班级问题。在班上，优秀学生与教师的关系通常都很好，要想取得好的学习效果，就必须与中等学生、后进生搞好关系。教师不能总是板着面孔，高高在上，而应弯下腰来，走进学生之间，以平等的身份加入学生之间的集体活动中，多对学生的喜好、性格特点进行调查，从而激发他们的学习兴趣，同时还要对学生在学习和生活中所面临的问题给予关注，鼓励学生产生更多的想法和建议。例如，笔者所在的学校，每个学期都要对后进生进行一次家访，用这种方式来拉近教师与学生的关系，从而使他们爱上生物学。

伴随着科学技术的不断发展，学生可以通过更多的方式获取知识，再加上有些学生天赋很高，善于动脑，他们会向老师提出一些关于生物学前沿的问题，教师在面对这些问题的时候，不能敷衍了事，一定要对这些问题给予一定的鼓励，比如"你这个问题提得很好"，之后一起去寻找答案，这样才能达到教学相长的目的。

（三）指导学生合作技巧

课堂教学的有效性与协作学习方式有很大的关系。首先，可以提高学生的协作学习能力。每一位组员都是一个群体不可或缺的一部分，小组组员要团结一致，做到"心往一块想，劲往一块使"，集体的荣耀要靠每一位组员的努力，组与组之间打的是团队战。其次，可以学习一些基本的协作技能。在课堂教学中，教师必须掌握一些协作技能，这样才能更好地进行协作教学。教师要教授学生以下几个方面的合作技能，并通过不断的练习，有意识地对其进行培养，让其养成一个好的合作学习习惯，并将其转化为一种自觉的行为。

1. 学会思考

首先就是要让学生养成自己的思维方式，唯有通过亲身体验，才能给人留下深刻的印象。通常情况下，优秀学生都有很高的参与性，而后进生则表现得比较消极。因此，在进行小组讨论时，要做到让全体学生都能参加，教师要创造出一个问题的情境，从而激发学生的思维，并对他们进行鼓励，在他们进行思考和学习的过程中进行引导，让他们在快速阅读中掌握关键词、提炼知识。

2. 学会倾听

所谓倾听，就是要将教师的问题仔细地听清楚，还要了解到小组长的分工。在别的学生发表言论的时候，不要随便打断或者插话。要仔细地倾听，系统地理解并梳理他人的看法和思维。如果遇到一些后进生的失误，不要嘲笑、挖苦他们，不要挫伤他们的积极性，在听完之后要进行反思，之后才能做出恰当的评估，并提出自己的看法。久而久之，学生之间便能互相尊敬，并形成一种认真倾听的好习惯。

3. 学会表达

把自己的想法表达出来，做到条理清晰、逻辑清晰，这是一种很关键的技能。许多学生认为自己已经明白了，但实际上他们对这些知识只是一知半解。在进行表述的过程中，他们还能整理出自己的思维，找出其中的不足，并能进行查找和弥补，这种方式既能深化他们对知识的了解，又能增强他们的语言表达能力。分组时，应以小组4、3、2、1为先后次序，并提倡学习成绩较差的学生先行表达。每位学员都要努力把自己的意见、想法表达清楚。在小组成员讲话时，请注意聆听。在课堂教学中，教师要对合作学习的秩序进行表扬或批评，一旦发现秩序混乱无序的小组，要及时予以纠正。

4. 学会讨论

当自己表达完思想、倾听完别人的想法之后，有了分歧，就要进行讨论。课堂教学要严格按照教学目的进行，切忌跑题；说话要讲礼貌，不能大声，这样会影响到别人。同时，教师也要对讨论无关内容、大声说话的团体及时加以提醒。

5. 学会互助

乐于助人是一种美德。团体内部和谐的同侪关系是团体中互相帮助的先决条件与保证。分组之后，如果成员之间还不熟悉，就可以进行一个"拜师"仪式，学习成绩较差的学生找学习成绩较好的学生结拜认作小老师，并赠送小老师一个小礼品。在这个过程中，组长和副组长扮演一个导师的角色，帮助他们完成任务。除此之外，还可以将家长的力量调动起来，邀请自己团队中的成员到家中做客，通过这种方式，可以让成员之间的关系更加融洽，从而加强成员之间的情感交流，让成员能够更好地接纳对方，并与对方成为好朋友，形成一个团结的整体，这种方式对发现对方身上的优势非常有帮助，取长补短，从而达到共同提高的目的。如果有可能，家长还可以在课外时间安排小组成员一起学习，将协作学习扩展到课外。

（四）形成有效的评价机制

在小组协作学习中，教室里的氛围要比传统教学更加活泼，怎样才能不让一些学生以各种理由闲聊和闹腾，使课堂"活而不乱"？这就要求我们制定出一种"活而有序"的活动方式，使学生在此过程中养成良好的学习习惯。评价机制为团队协作的高效、有序进行提供保障，评估方式应具有多元化，包括总体评估和个体评估两种类型。在教学中，教师应充分肯定"协作学习"成绩优异的学生，为其他学生树立榜样；同时，还要考虑到对个体发展的评估。在评价中，要将结果性评价和过程性评价两种方式有机地融合在一起，既要将注意力集中在合作的成果上，比如在每一次考试中的表现，还需要注意团队协作的过程，比如在团队中进行合作学习的组织程序是否行之有效，组长是否认真负责，组员的参与度如何。对于配合默契的团队，应予以适当的鼓励；对于协作性差、参与性差的学生，应加以批判，并扣分，以达到"警告"的目的。在团队的展示过程中，所有人都要仔细倾听，不要嘲笑或者起哄，否则会被扣掉团队的纪律分。

教学评价是教学过程的重要组成部分。由于不同的学生对新知识的接收速度和途径不同，因此，用一个标准来评价是不科学的。当学生在原来的基础上取得进展时，教师应适时地对其进行称赞和鼓励，使其体会到协作的乐趣。此外，不要把方式弄得太过死板。为此，笔者提出动态化的团体评估和持续的革新，以保持团体的活力。

四、初中生物教学中开展合作学习的基本原则

在中学生物课堂上，实施合作学习必须遵守一定的科学原理。

第一，互动性原理在中学生物课堂教学中的应用。在初中生物教育中，在

进行合作学习的时候，每一个小组成员都要主动地承担起自己在完成共同任务中的职责，能够进行独立的思考与探索，能够进行平等的、互相帮助的交流与沟通，各个小组成员之间应当互相信任、互相支持与配合，能够高效地处理好组内的矛盾，对各自已经完成的工作进行高效的小组处理，这就是"生生互动"。在笔者开展合作学习的过程中，教学活动的导向是以生生互动为主，但也存在着师生互动，而且还扩展到师师互动，由此可以看出，合作学习与传统的教育观存在着显著的差异。

第二，激励性的中学生物协作教学。在实施中学生物教育的时候，教师对合作学习的评价，应该以积极的态度来对待，哪怕有一些问题存在，教师也要委婉地告诉学生，这样才能让学生在参与的过程中得到最大限度的心理上的快乐，感受到胜利的喜悦，这样才能提升他们对生物学这一学科的学习兴趣，强化他们进行活动的合作意识和能力。例如，笔者在进行合作学习后，都会适时地开展学生自我评价、小组评价、小组互评、教师评价，对表现好的小组和个人都要进行表扬，给予鼓励，以提高学生的学习积极性和主动性。

第三，在中学生物教学过程中应遵循"选择性"原则。在初中生物教学中，实施合作学习的时候，应该对教学任务展开深入研究，并在此基础上合理地选择和舍弃课堂教学中的学习方式。换言之，并不是对任何一门课程都适用于合作学习，简单易学的课程不一定要运用合作学习，只有比较复杂的认知类课程、大部分的情感态度与价值观类课程、在课程中包括人际交往和能力培养的课程才适用。所以，在进行合作学习的实验研究之前，必须对教科书中所包含的知识进行详尽的分析，并选取合适的教学内容与教学方法。

五、构建基于合作小组的初中生物合作学习模式与方法

基于上述原理，要在课堂中高效地进行合作学习，就需要建立起一种科学的、系统的合作学习的模式与途径，这样才能引导学生逐渐掌握合作学习的方法，并对他们合作学习的意识和责任心进行培养。当前，以协作学习的群体动态理论为基础，在协作学习中应用最广泛的方式就是小组协作学习，所以笔者相信，中学生物学的课堂关键在于建立一个可以充分利用学生主动性、协作性和创造力的协作学习方式。本节将详细地对以协作小组为基础的协作学习模式进行剖析与说明。

合作小组的合作学习模式是一种以小组学习的方式，利用学生之间的交流

与合作，促进他们对所学知识的认知、情感和价值观等方面的发展。在协作式的基础上，建立协作学习模式，其核心要素有五点：第一，积极互赖。简单来说，"积极互赖"指的就是"我为人人，人人为我"，只有团队取得成就，才意味着个体取得成就，因此，必须相互依靠，主动地协助团队成员，才能取得成就，为自己也为其他人创造利益，团队成员间其实更像是个共同体。第二，人人尽责。每位成员在团队中都要承担一些责任，对团队的胜利起到积极的作用，因此，他们会尽量利用自己的优势，尽力做好自己的工作，以此来提高自己的积极性和学习的主动性。第三，同步交互，即一个群体中的每个人都可以互相促进、互相借鉴。在一个集体中，教师应该鼓励学生之间进行更多的交互，这样学生就可以互相帮助、互相促进、一起进步，而教师也可以在与学生的交互中，对学生有一个更加深刻的认识。第四，人际与小组技能。在进行协作学习时，学生不仅要具备一定的知识，同时也要具备一定的交际技能，以及团队协作技能，因此，教师要对学生进行有效的引导，使其具备良好的人际交往技能与小组技能，从而提高协作学习的效果。第五，团体自主性。团体自主性可以使学生有更多的互相学习和影响的机会，从而使学生在学习上更加得心应手。例如，在生物学的课堂上，笔者以"组内异质，组间同质"的原则为依据，对学生的学习成绩、学习能力、学习态度、组织能力、个性等特点进行全面的分析，将学生划分为学习小组，每个组都有4个人，按照方形而坐，这样就可以让学生展开分组活动，同时还可以对最合适的课堂空间进行规划，创造出一个很好的协作学习的环境。

六、创新初中生物教学中生物合作学习的实施方式

（一）转变教育观念，树立科学的初中生物合作学习的理念与意识

初中生物新课标倡导"既要让每个学生获取最基本的知识，又要承认并尊重他们的个体差异"，要改变学生学习的方式，从教师传授向学生自主学习转变；要使学生成为教学的主体，必须改变教师在教学中的角色；在评价方式、方法和内容上也应有所改变。这就要求教师的角色发生变化，教师从"领导者"转变为与学生平等民主的角色，教师在课堂上扮演的是引导者、组织者、参与者的角色，而课堂上的教学则成为师生、生生和师师之间的互动，从而实现高效的学习效果。因此，在中学实施合作学习的时候，首先要做的就是改变自己的教学理念，要建立起一种科学的关于合作学习的观念和认知，要

主动地开展合作学习，从而提升学生的学习效果。

（二）强化对合作学习教学技能的培养，提升教学效果

加强对教师教学技能的培训，是提高协作学习效果的一个关键保证。因此，在这一过程中，教师应注重三个方面。

1. 提升教师科学分组的组织与协调能力

"团队学习"就是要使每个人都能积极地参加到学习过程中去，每个人都能体验到快乐。在进行分组的时候，教师应当以异质分组的原则为依据，对学生的学习成绩、学习能力、学习态度、组织能力、个性等特性进行全面的考量，平衡分配，把学生分为组长、资料员、记录员和汇报员。组长要对小组内的分工、纪律等方面负责；资料员要对本组的学习材料进行收集；记录员要对整个合作学习中的情况进行记录；汇报员要对组内的研究成果进行汇总，并代表小组展开沟通。在不同的组中，组员可以经常轮岗，以便对组员的各个方面进行全面的训练。所以，在进行合作学习的时候，每一个组员都有自己的工作，都有自己的职责，大家相互监督，这就在客观上，让每一个学生都要进行独立活动，并在独立活动的基础上，与别人进行交流与合作。只有在这种情况下，才能使学生真正地、主动地进行自主教学。在此过程中，教师要适时介入，密切关注团队的进度，对于提前结束的团队，可以让其分享自己的经验，也可以对进度缓慢的团队给予一定的帮助。

2. 提升教师对合作学习教学设计的编制能力

在准备课程的过程中，教师必须对课本进行全面的学习，并确定课本所要表达的新观念。在教学过程中，教师要注意教学内容的合理安排、教学方式的多样化，充分发挥教学的作用；问题的设置应当具有某种争议性和可供探讨的价值；协作型的作业，应适当设置一些难度，以使学生获得成功体验。在对每一个环节进行细致的设计之后，再将其具体的活动流程和要求写成教案和学案。在活动的过程中，学案可以更好地引导学生开展合作学习，并提高他们获取知识的能力，最终取得合作学习的成功。

3. 提升教师课堂实施合作学习的监控能力

在进行协作学习的过程中，教师对协作学习的监督是协作学习顺利进行的重要保障。这时，教师不能坐视不理，而是要充当一个观察者，有计划、系统地巡视各组，了解每一组的情况，及时、适度地参与小组活动，促进学生在学科知识和协作技能两方面的发展。

（三）构建有利于学生进行初中生物合作学习的课堂环境

创建一个适合中学生物协作学习的课堂环境，应从以下两个角度考虑。

1. 构建有利于开展合作学习课堂的物理环境

良好的教室空间及课桌椅的布置可以营造出一种积极的学习气氛，会对学生产生积极的作用，对其进行合作、交流，获得成功，提高学习成绩是有利的。因此，教室座位的排放很重要，它是合作学习能否取得成功的重要条件之一。而且，合理的课堂布局有利于教师和学生之间的沟通和监督。

2. 加强对开展合作学习的课堂的纪律监控

通常，在进行协作学习时，教室里总是出现不整齐、有点喧闹的情况，教师应该做好"忍受"和适应这种现象的心理准备。因为这种热闹的气氛，可以证明学生在进行着活跃的集体活动，但是也有可能在过于活跃的时候，彼此间发生一些争执，从而导致他们的声音变大，对其他学生的学习造成一定的干扰。所以，教师仍然要及时地对他们进行纪律监督，确保每个学生的讨论都不会对其他学生的学习造成干扰。若仅有一组人说话太大声，教师可以分别向他们提出警告。当全班的声音太高时，教师可以采取各种方法对其进行纪律监控，其中最重要的就是要让学生养成对教师的提醒做出快速回应的好习惯。比如，教师可以通过某种手势给学生一个信号，或者可以通过拍三次手来让学生安静下来，教师要提前和学生讨论好控制声响的方式，这样学生才会做好。

（四）强化对初中生物教学合作学习的效果评估

协作学习主要目的是对学生在协作学习中的创造性和实践能力进行评估。在这个过程，不仅要对学生在一次探究性活动中，从发现问题、提出问题、分析问题到解决问题的整个过程，所展现出来的探究性精神和能力进行评估，还要对他们活动前后进行对比，对他们的发展状况进行判断。

合作学习对学生在参与合作学习的过程中所获得的体验进行评估，这一评估主要是由学生的自我陈述、小组讨论记录、合作学习活动开展过程的记录、小组互评和教师评价等反映出来。

1. 初中生物合作学习效果评估的意义

评价是教育工作中不可缺少的一环，尤其是运用合作学习的课堂上，它的功能更加突出，制定一个科学的评估体系，有助于提升学生的学习效率。进行评价应当是一个全面而又及时的过程，不仅要对合作学习小组的学习情况进行有效的评估，还应当对每一个个体进行评估，只有在这种过程中，才能充分挖掘出每一个成员的潜能，使共同目标与个人目标的统一性得到充分的体现，从而形成一种促使学生做出努力，并且在小组成员之间互相帮助的良性制约机制。一个合理的评估机制可以将学习过程的评估与学习成果的评估相结合，将一个团体的集体评估与一个团体的个人评估相结合，这样就可以让学生意识到进行团体合作学习的价值和意义，同时学生也会对这个团体活动更重视。

因此，在评估过程中必须贯彻"以人为本"的原则，以"创建符合初中生特点的教育"为导向，以"尊重每一位同学，使每一位同学都能取得进展"为终极目的，化个体之间的竞赛为团队之间的竞赛，以小组总成绩作为奖励或认可的依据，使"团队内部协作，团队内部竞赛"成为一种模式。所以，在日常的教育过程中，教师要有意识地强化集体荣誉感，并且要对团队整体的学习情况进行激励，但是不能忽略个体的评估。这就要求教师在让学生进行合作学习的时候，要注意到学生的动态变化，找到学生身上的优点，并适时地予以称赞，因此，学习能力强的学生愿意帮助学习能力弱的学生，共同奋斗，共同取得成就。而学习能力弱的学生，也会认识到自己在团队中所应担负的职责，会更加积极地去完成自己的工作，将压力转化为动力，如此，小组合作学习可以呈现出互助、互动、互进的状态，人人都有所收获，最终实现预期的教学目标。

2. 初中生物合作学习效果评估的方法

在实施课堂教学的过程中，及时、合理地评价学生的学习成绩是非常关键的一环。

第一，根据学生的参与意识和参与程度、学生的任务和完成情况、学生是否倾听和尊重别人、是否乐于帮助别人、学生的学习效果和总分等，对学生的学习表现和效果进行评估，使学生更加清楚地意识到，在这个集体中，小组合作成员是一个学习的整体，正如"一荣俱荣，一损俱损"，要想取得好的成果，就要依靠每个成员的齐心协力。

第二，教师要在课前、课中、课后三个阶段检查学生的学习情况，并且要采取分组的形式。通过对学生的考核和评价，使他们认识到自己的优势和劣势。此外，在教学过程中，教师应注重对学生进行分组教学，以提高学生的协作能力。

第三，要加强学生的自我评估。协作学习是一种以团队表现为基础的教学方式，在开展团队评估的时候，不能忽略学生的自我评估，因为学生只有通过自我评估，才能对自己的行为做出反馈，从而在未来的活动中加以改进。当然，教师的评价，对学生的成绩也有影响。为此，教师应在实施团体评估的基础上，采取有效的自我评估与相互评估相结合的方式。

第五节　主题教学，优化创新思维

一、主题教学的概念

（一）主题

主题是指整合了教学目标的、多学科的学习内容或学习任务。主题显示出所要学习的要点，它是一种"黏合剂"，可以将零碎的知识结合起来。主题涵盖面广，可以是任何物体，也可以是任何现象，还可以是一个问题，可以是一个以问题为中心的探究活动。一个主题可以分为许多专题和问题，这些专题和问题依次可以转化为实际的消息或者行动的任务。

（二）主题教学

整合是一种理念，应当在学校的课程设置、教学设计、教学实施、评价和管理、师资培养等各个环节中体现出来。而本书中的主题教学属于一种在教学层次上的讨论，其与综合实践活动课程最大的不同在于主题教学更多地回到对课程内容的组织上。对主题教学的研究最早起源于西方，其代表性理论如下：

"跨学科"理念最早出现在 20 世纪 20 年代中叶的西方文献，即在不同的学科间开展不同的教学和研究。"单元教学"是汉纳、波特在 1955 年首次提出的一种新概念，它被定义为："以一个具有一定社会价值的主题为中心，结合不同的主题，以孩子们所经历的社会需要为基础，进行有针对性的学习。"[1] 班贝格、威妮弗雷德等人在 1988 年就提出"以人为本"的概念，并将其视为一种"以人为主"的教育方式，并不局限于某个特定的学科，而是注重对某个课题进行更多的探索。[2] 卡茨与查德在其长期从事教育工作的基础上，对"主题"提出新的认识，认为"主题"是一个或几个学生针对一个主题所做的深入研究。在教学上，鼓励学生积极主动地与身边的环境互动；在学习层面

---

　　① 张秀. 单元整合理念融入初中生物教学设计：以"动物的运动和行为"单元教学设计为例 [J]. 福建教育学院学报，2022，23（3）：60-62.
　　② 全莹. 初中生物单元教学及评价任务设计 [J]. 中学课程资源，2022，18（3）：45-47.

上，学生应以"自主探索"为主体。① 还有一些学者提出："主题教学是师生合作下，对话题、社会问题或其他一系列以主题为基础的问题进行深入讨论和研究的过程。"1993 年，一些学者提出，主题教学是一种将阅读、数学和专题研究（如社区交往、热带雨林、资源利用）等内容结合起来的教学组织形式。

近年来，我国的一些学者对主题教学也进行了一些探索。主题教学可以在一定程度上模拟或反映真实的生活，这就是一种新的课程整合方式。在赵中建看来，专题式的课程设计不失为一种行之有效的方法。顾小清提出，学科式教育是指在特定的课题和问题情境下，使学生能够积极地构建自己的认知，提高自己多种智力水平的一种教育行为。在窦桂梅看来，主题教育就是以一个专题为中心，关注对学生个人体验、对知识形成的认识，并在多篇文章中进行"交叉""融合"，从而达到"专题"内涵构建的开放式教学模式。王丹提出，要把"主题"当作各个科目的纽带，在探究、体验、感悟的过程中，让学生掌握与该主题相关的知识与技巧，从而培养他们的综合解题和小组合作精神。在肖平看来，主题教学指的是以一个主题为中心，由教师和学生将与之有关的各类资源进行组合，并使用多种探索方法，从而让学生的认知产生转移，以提升他们解决问题的能力以及积极探索的精神，这是一种可以将三维目标进行整合的行之有效的教学手段。衣丽相信，主题教育是在教师与学生的合作下，以学生的经历与体验为依据，通过主题的提出、资源的整理、积极的探索、积极的构建，来提高学生问题的解释力和更高层次的思考力，从而达到学生与社会、与自身、与课程内容相结合的目的。

通过梳理中外众多学者的研究成果可以发现，诸如主题教学、多学科教学、跨学科课程、单元课程、综合课程等许多学术性词语，其实质都是不同学科之间相互关联的多种教学方案，为了便于理解，本书采用"主题教学"这一术语。本节还归纳出主题教学的特点，主要包括六个方面。

第一，从本质上讲，主题教学属于教育层次的综合性。

第二，主题教学在选材方面具有较大的灵活性，其基础是课程，并不局限于一门科目，并且由于其具有较强的情境性，因此，主题应体现出自然、生活、社会之间的关系，应根据社会的需要以及学生的爱好，有目的、有计划地安排好与生活密切相关的主题。

第三，在"教"与"学"的关系上，以"课"为核心，采用"师生合作""小组合作""探究""问题"等学习方式，让学生在"学习"的过程中，

① 刘广华. 大概念视角下的初中生物单元教学策略探究［J］. 考试周刊，2020（33）：135–136.

能够充分地利用"学习"的主观能动性，从而达到"知识"的"意义"构建。

第四，从实践层面来看，传统的"问题"是为"教"而设计的，而"主题"是为让"问题"成为一种框架，以"问题"为导向，以"知识转移"为目的的一种方法。在主题教学中，可以采用不同的教学方法。

第五，从课程的目的来看，主题式的教育方法可以推动学生的多种智力发展，提升他们解决复杂问题的能力以及小组协作精神，将不同学科、不同个体、不同社会之间的联系融为一体，很容易实现三维目标。

第六，在教育资源上，主题教学要求有强有力的教育资源支撑，尤其是融合多个学科的教育资源，可以用多个学科对同一知识进行阐释，引起学生之间的认知冲突或者是相互补充，从而使学生更容易进行学习迁移，最终实现有效的学习构建。

总而言之，笔者认为，主题教学是为了发展学生的多元智慧，提高学生的学习技能、知识迁移能力，从而达到对学生个人知识、生活经验以及社会需求的有意义的整合。因此，在实施教学的过程中，教师要以某一主题为中心，面向全体学生，创设情境，并对有关的教学资源进行组织，对学习内容进行设计，最后由教师和学生一起来完成。主题教学起源于世界科学课程改革的大背景下，能够有效解决传统的仅关注知识层次，难以让学生与社会形成有意义的联系等一系列问题。以主动性、探究性、情境性、开放性、综合性和科学性为基础，主题教学更符合科学性的要求，从而实现课程面向全体学生、提升学生科学素质的目的。

二、初中生物主题教学的设计

（一）主题教学的类型

在我国，根据主题教育的各个层面将其进行归类，主题教学主要有以下三种类型：第一，根据主题扩展的深度与广度，将主题教学划分为主题单元与主题课程；第二，根据主题教学的侧重，将其划分为"以社会为中心""以学生为中心""以专业为中心"三种类型；第三，按照课程融合的不同，将其划分为"单学科—主题"教学和"跨/多学科—主题"教学。从以上的分析可以看出，主题教学源于综合课程，其特点是学科自身或学科间知识的集成，因此，笔者认为，第三种类型更能反映主题教学的本质特点。"单学科—主题"和"跨/多学科—主题"两种教学模式各有特点与优点。

7~9 年级生物是一门独立的课程，尽管生物与化学、物理等课程在内容上存在着较多的交叉，但是生物课程的教学进度比化学、物理等课程要快，因此生物老师很难做到"跨/多学科一主题"的主题教学。

（二）主题教学的步骤设计

近年来，很多学者开始关注并参与到以主题为基础的课程整合与教学实践中来，并对其进行探讨。比如，海蒂·海斯·雅各布斯教授在《交叉学科课程：设计和执行》一书中指出，要进行主题课程的设计，应遵循以下几个基本原则：第一，选定主题，使之成为本课程关注的重点；第二，师生之间要进行头脑风暴，教师从多个专业角度进行教学设计；第三，确立引导问题，确定学习的框架、范围和顺序；第四，为实施的活动进行规划。

而玛丽·埃伦·沃格特教授提出"主题"的设计应该包括：一是主题的选取；二是选取一种中心观念来指导课堂的实施；三是区分教育技巧与战略；四是识别合适的素材来源；五是编制进度表；六是开展评估等。

主题课程的设计涉及多个要素的集成，属于一种非线性的设计。教师要想在进行主题教学的时候能够做到结构化和系统化，笔者认为应该以中学生物学为基础来进行主题的设计。第一，在课程标准的要求内选择一个有核心概念的主题。第二，对主题所包含的知识要点进行详细的研究。第三，要掌握学习者的学习情况，合理选取知识面。第四，将课题细化为专题、任务。第五，设置引导提问，为主题、专题的内容框起框架。第六，确定适当的教学方法、查找学习资源、制订学习计划、实施考核等。

（三）主题教学的内容设计

主题教学的关键是要按照新课改的要求，来进行专题教育。从课程设计的视角出发，按照课程设置的分层特点，将课程内容划分为三个层面，即知识层面、专题层面和主题层面。其内在联系在于将一个主题分成若干个专题，专题再分成事实和信息两部分。该方法能使所学的知识在一个概念图中得到反映，有助于建立一个复合的概念。

1. 主题教学目标的确定

教学目标是指在教学过程中，教师应实现的一种期望效果，它既有导向功能，又有动机功能，还具有规范功能。在制定教学目标时，要以"新课标"为基础，并考虑到五个方面的问题：一是要针对学生的年龄水平、背景特征来制定教学目标；二是以课题为中心，对每个课题的培养目标进行均衡；三是重视由单一的"知识"向"能力""过程"和"方法"转变；四是注重对学生的解题与高等思考技能的训练；五是要注重培养的层次与综合性。

2. 主题内容的层次

（1）课题研究。

选题是进行主题教学的首要环节，它可以在课前事先确定，也可以在课堂上通过学生和教师之间的讨论确定。选题涉及的领域很广，在选题上不应仅限于一门学科，而应从综合学科出发，以一门学科整合有关的各种课程。而主题的选取则可以某个课程为基点、其他课程为辅，从而达到课程内部的综合教学。

库克归纳出主题的九大来源，分别是：同学们的普遍爱好；青年们的创作与阅读；教科书中的题材；时事；本地或社会上的素材；历史传统；老师们的爱好与特长；物体、器物；抽象概念。

但是，选定一个主题并非一件容易的事情。首先，学生要参加选题，需要对选题有一定的了解；其次，选题并非有意使课程界限变得模糊，而要有利于教学目标的达成。因此，在选题时，应根据下列准则来选取。

①兴趣性。

在选择一个主题的时候，要将学生的兴趣作为首要的考量因素。跟生活有联系的，并且可以反映出现实世界的问题，通常都可以引起学生的兴趣，在他们的兴趣被激起之后，他们需要花费大量的时间和精力去进行探究，这样他们的探究就会得到真实的意义。

②劣构性。

劣构性是相对于良构性而言的。但是，在实际中，很多问题都是劣构的，比如，转基因食品是否会危害人类健康？劣构问题的特点是定义模糊、情境化、解法多样甚至没有解法，其对提高学生的知识应用能力、批判思维能力、人际交往能力、反思实践能力等有利。

③具有挑战性的课题。

主题的选取应以其近期接触范围为考量，具有某种思想上的挑战，使其能全身心地投入思考与探究中。但要考虑主题的难度，如果主题过难，学生就会因为害怕失败而退缩，无法充分地发挥他们的主动性；如果过于简单，则会使他们无法进行深度的思考，从而影响他们的创造性思维。

（2）专题研究。

专题是事实与主题衔接的部分，专题可以通过主题内容逻辑或属性来划分，专题与主题是部分与整体的关系。而专题讨论又是对现实与资讯的一种抽象化的总结，它能为现实与资讯的呈现提供一种情境。对课题进行细化，能为课题的学习画出一个良好的框架，让学生对课题所要教授的知识有一个更为完整的了解。

（3）事实与资讯。

在特定情况下，事实与资讯属于最基本的抽象化，易于识别。在教学活动中，事实是形成概念和规则的基础，然而，它并没有过多的迁移性价值，例如，青蛙可以在水里或陆地上存活，幼体生活在水中且有尾巴，成体青蛙没有尾等。如果没有具体的情境，知识对于学生而言是毫无意义的，因此仅凭知识是不够的。将事实和信息进行分类，找到共同点，就构成概念，而概念的获得也能让学生发现更多与概念有关的事实。例如，经过对许多事实和资料的分析，我们知道，青蛙是两栖类动物，两栖类动物还有嵘螈等。通过学习，可以使学生在动态体验中学会总结，从而达到主题教育的目的。

3. 基于主题教学的初中生物学教学设计策略

（1）确定合适的主题。

"好的开端等于成功了一半。"选题是进行专题教育的首要步骤。在生物学课堂中，如何选取一个切合实践、切合学生实际、切合教师要求、适合于生物学学科发展的课题，对于生物学课堂的实施，将是一支"强心剂"。所以，教师在选取与设定主题时必须慎重，可参照下列两项准则。

第一，以本地的生态环境为重点。地方生物资源是指能够应用到生物学课堂上的、有地方特点的生物资源。生物资源是教师和学生生命活动中的重要组成部分。依据本地的生物资源来选定专题，要符合下列条件：选取能为公众所接受的生物资源；满足教学需求；选择与故乡有关的生物。

第二，注重对教学实际需要的关注。教学模式是为教学实践服务的，任何一种教学模式的使用都要满足教学的实际需要，主题教学也不例外。在生物学科中，不能为主题而主题，要根据教学的具体情况，根据教学的要求来确定主题。要达到良好的教学效果，必须选取一个能够促进教学目标，具有一定吸引力，同时又与老师的具体情况相适应，便于进行教学的主题。

（2）创设适当的主题情境。

主题情境的创设就是根据主题教育的要求，利用已有的实验设备，设计出一种能实现教学目标，并能对学生进行有效训练的虚拟情境。设计主题情境时，最大的目标就是要符合教学需要，但也要把学校的条件纳入其中。主题情境应具有现实性、趣味性、真实性、一致性等特点。

第一，要转变教育理念，从总体上把握教科书。在主题教学方式中，要指导学生从总体出发，从全局把握教材和课堂，在教学过程中要将学生的主体作用发挥出来，让学生在学习与发展中发挥出作用，教师要指导学生自主学习、自主探究、主动发展，重视学生的学习与发展，鼓励学生进行自主实践，让学生的个性在学习中获得最大限度的发挥。因此，在开展主题教学的时候，教师要做好三个方面的工作：一是对教学目标、教学内容、教学过程和教学评价标准进行总体规划，要对学生生物学素质的培养给予格外关注。二是要针对课程的内容特征，进行多样化的主题教育，做到主题教育各具特色。三是转变传统的教育方式，积极运用计算机、多媒体和网络等现代教学手段。

第二，要把握好教师与学生的关系，促进学生的独立发展。在主题教学设计的过程中，教师要注意把握好学生的主体地位与自身的主导地位之间的关系。在此过程中，要做到：一是在课堂上既要做好课堂的主导，又要做好与学生的合作与协作；二是在课程内容的选取与设置上，要使学生在材料处理、交流与合作、语言表达、自我评价与评价他人等方面的能力得到较大的提高；三是在教学中既要注重知识的传授，又要注重学习方法的传授，让学生不仅掌握知识，还学会学习。

第三，要注重整体性、开放性、综合性、活动性和探究性的主题教学设计。主题教学模式的这些特征，要求教师设计主题教学时要坚持"整体性""开放性""综合性""活动性"和"探究性"的原则。对整个教学流程进行总体规划，对各类教育活动进行精心安排，对学习环境进行全面的敞开，让学生的主体地位得到最大程度的发挥，力求实现知识和技能的一体化，可以让学生从一个密闭的教室走出来，进入更广阔的社会中去，由单纯的书本上的资讯来源转变为多渠道、全方位地感知和接受资讯，让学生能够以一种"主人"的姿态，主动地参加到各项活动中去。

第三章　初中生物深度学习方法研究

第一节　初中生物深度学习的内涵特征和意义

"深度学习"的思想认为，在教学过程中，教师要对学生进行适当的指导，使他们走出"机械学习""被动学习"的浅层学习局面。在初中生物的深度学习过程中，学生可以用独立学习或合作探究的方式，与自然界中的生活现象相结合，从而找到一种可以探索生物现象本质和规律的方法，体会到对学科知识进行探究的快乐。为了让学生更好地参加到生物学的深层研究中来，教师必须在深度学习的视野下，对自己的教学流程进行仔细的思考，找到对教学效果有重要影响的因素，并以此来寻找提高教学效果的方法，从而对学生的学习过程进行最大程度的优化。

一、初中生物深度学习的内涵特征

（一）学生主动探究的积极性

深度学习注重让学生积极地参与到学习中去，这就对学生的学习主动性提出更高的要求，学生要有对新知识的探究动机，进而在学习动机的驱动下，积极地参加后续的概念解读、实验探究等活动。

（二）学生参与课堂活动的深入性

在深度学习的概念中，学生要完成从浅层学习到深度学习，他们不能只是单纯地将课本中的知识进行阅读和记忆，更要进行合理的思维和探究，要对所学知识进行验证。

（三）学生学习资源的丰富度

对于初中生来说，要实现深度学习，就必须有一些实物资源、视频资源等的帮助。

（四）学生知识学习的扎实性

所学的知识能否被牢固地理解和内化，是对课堂教学效果进行评价的关键。在深度学习的视野中，教师应该在教学中引导学生摆脱"很快学会，很快忘记"的困境。

二、在初中生物课堂教学中推行深度学习的意义

（一）改善课堂教学现状，提高教学效率

在传统的生物课堂中，教师关注的是学生对理论知识的理解，所以教师主要把注意力集中在理论知识的传授上，忽视学生在课堂中的主体性作用，并且授课方法相对简单，很难兼顾到所有学生，因此收到的授课效果并非最优。在课堂中实施深度学习，可以让教师的思维得到更新，让教师对深度学习的内涵有更深刻的理解，并与深度学习的特征相融合，从而对教学进行合理的规划，让课堂中的气氛更加生动活泼，把理论上的知识转化成实际应用的技能，同时，还可以让学生在进行深度的学习过程中，培养出一种对生物学的兴趣，并主动地去探究一些新的知识，这样就可以逐渐提升课堂中的教学效果。

（二）有利于学生掌握适合自己的学习方法，构建科学思维模型

在生物学教学中引入深度学习，为学生创设一个学习情境，指导他们把所学的理论知识带入这个情境中，在教师的引导和协助下，解答情境中出现的问题，从而提升他们的转换能力。通过教师的指导和培训，让学生学会一种与自己相适应的学习方式，让他们有效地使用深度学习，并将所学到的各种学科的理论知识转变成实际应用的能力。既可以对理论知识的内涵进行深度挖掘，将有效的信息反映出来，又可以拓展学生的思维，提高他们的科学思维能力。

第二节　初中生物深度学习的教学设计

在目前的中学生物教学中，对学生的自我学习能力和核心素养进行培养是非常关键的，因此，这就要求生物教师要真正地跟上时代步伐，要能够对自己

的教育思想进行及时的更新，并将其付诸实践。促使学生进行深入的学习，使他们能够真实地认识到学习生物课程的意义，从而激发他们主动地进行学习。让学生真正地成为课堂的主体，而教师则要充分地起到引领和组织的作用，让学生能够进行自主的学习和探究，开阔他们的眼界，并积累更多的生物学知识。

一、应用多媒体技术调动学生感官

当前，在中学生物教学中，多媒体技术、信息技术得到广泛运用，利用信息技术可以有效地调动学生的感官，使课堂教学变得有趣。就拿"食物链"这一内容来说，教科书上提到"生产者""消费者"和"分解者"这三个词，而世界上有许多种生物类型，每一种生物类型所处的地位都是不一样的，如果只是简单的讲解，会让人难以理解。这个时候，就必须利用多媒体设备，向学生展示他们所整理出来的食物链关系图以及他们所处的地位，让他们利用自己所学到的知识，来举例说明大自然中的天敌和食物相对应的关系，进而在他们的脑海中构建出一个完善的知识体系。在讲解与植物相关的知识时，要确定其侧重点，即区分草本植物和木本植物。通过对各种植物的观察和分析，培养学生对植物种类的正确认识。使用多媒体设备可以有效地吸引学生的注意力，帮助他们更好地掌握基础知识，从而显著提升他们的学习积极性，提升初中生物课堂教学的有效性。

运用多媒体技术来创造一个良好的问题情境，在提问时要注意与学生的日常生活保持高度的关联，尽量接近他们的生活，并提出一些更加现实的问题。问题要来自生活，要与课本紧密结合，学生通过思考，解决问题，从而加深对生物的认识，达到深度学习的目的。利用多媒体技术，通过提问具有一定趣味性的问题，以实现对学生的有效指导，从而让他们主动地参与到关于生物知识的学习当中，这也是一种贯彻"寓教于乐"教育思想的行之有效的方法。问题情境的设置要确保与初中阶段的学习过程相适应，使学生更好地参与到生物教学过程中。

二、通过师生互动活跃课堂气氛

(一) 帮助学生理解抽象的生物知识点

互动教学的优势在于它可以增加学生的积极性，创造一个好的气氛。在互动式教学中，既包括学生与学生之间的互动，也包括学生与教师之间的互动。因此，在中学生物课堂上，可以展开与此相对应的互动活动，让学生在与教师互动的过程中，对一些艰涩难懂的生物学科知识有所了解，从而有效地提升他们的生物学科素养。例如，在教授与植物有关的知识时，教师会对植物的特征、定义进行介绍。为使知识内容更加情境化，教师会把班级分成若干组，给每一组布置相应的作业，这样就可以更好地展示出植物的各个部位。着重讲解绿色开花植物，包括根、茎、叶等。每一组的植物种类都不同，有大叶植物、块茎植物等。各组在组内进行探讨和交流，并派代表进行归纳和汇报，且对重点部位进行绘图和标注。通过师生互动、小组成员互动，学生可以在相对活泼的课堂气氛中，对相关的知识进行有效的了解，从而实现课堂教学的目的。

（二）借助小组力量实现生物深度学习

中学生物课程将基础知识与实践知识有机地联系在一起，通过指导学生进行课外实验，重视对学生的实践技能进行培训，并对已学过的生物知识进行强化，使生物知识体系更加完整。要进行一次探究性学习，通常情况下，学习与生活是紧密联系在一起的，特别是在生物这种具有较强实用性的课程中，教师要给学生创造一些实践机会，在他们的生活中找到一些跟生物教学有关的东西，这些都能够调动学生的学习热情，从而提升学生的学业水平。同时，积极进行有效的探究性学习，通过小组协作交流、交换和分享自己的观点，实现确定的学习目的。在现实生活中，能够找到具有代表性的生物问题，在这个过程中，教师也应该积极地对学生进行引导，与他们一起展开探究式的学习。引导学生在现实生活中捕捉具有代表意义的生物现象，并运用一定的探究性学习活动，去挖掘这些生物现象后面隐藏着的更深入的问题。教师成立生物兴趣小组、互助学习小组，便于学生进行深层次的学习和观察分析。在进行探究的过程中，学生可能不能完全了解某些深层次的问题，这时，生物兴趣小组、互助学习小组会对这些问题进行深入的探讨，每个学生在进行深层次的生物问题研究时，都可以将自己完全融入这个协同学习的情境中。当小组中的全部成员都无法将自己所面对的生物问题解答出来时，就要求教师加强对学生的指导，使他们可以运用正确的思维来开展自己的研究。这种互动式的探究性教学活动，为师生的交流提供了一座很好的桥梁，同时还可以将学生对生物的探究与学习兴趣调动起来。

三、走进大自然，增强学生学习感受

在生物学习过程中，我们必须结合实际，才能更好地解决生物问题，从而更好地解决生物学习中的一些难题。由于许多生物知识比较抽象，初中学生学习起来也比较吃力。在传统的教育方式中，教师会把重点、难点知识直接展现在学生面前，并让他们背下来。因为缺少一个真正的探究环节，所以在对知识点进行记忆的时候，学生会觉得很困难，没有办法去理解，其学习效率也会较低。因此，在课堂上，教师应该主动转变课堂方式，重视对课堂上"为什么"的指导。可以让学生在解决学习问题时，对生物知识有真正的了解，从而有效地防止他们的心理发展被限制。在进行教学的时候，教师要注重让生物知识回归实际的生活中去，把那些抽象的生物知识生动地展现在学生面前，让他们能够真实地去发现大自然的神奇之处，并对生物学科的价值产生更深层次的认识，进而主动地去探究生物学科的知识点，并把他们所学的知识运用到实际生活中去。

例如，在"生物与生物学"这堂课上，教师可以将生物学的讲授内容从教室中移出，让学生去探究自然界中的生物知识。这一章的目标是让学生认识到生物学中的生命现象，也让学生了解并尊重生命，有爱护自然的意识。生物教材对动植物及生命现象进行了阐述，但与大自然中的真实情况相比，却存在着很大的差距。学生可以在大自然中学习到相关的知识，从而可以对一些生物学概念、生物的生命特点有一个真实的了解。在现实的自然环境中，他们能感受到真实的生活，从而对关爱生命有更深层次的了解。在自然环境中，教师为学生挑选一个学习场所，首要的就是把安全放在第一位，尽管初中生已经具备一定的自我保护能力，但他们的规则意识还不够强烈。在教室以外的地方，学生很容易失去自制力。这个时候，就要求教师加强对学生的管理，并在正式开展课外实践教学活动的时候，制定好活动的规则，培养学生的规则意识。在教学中，还要对学生进行关爱、尊敬的教育，让学生明白人类应与周围的生物和谐相处。这样，学生就能学习到书本上所没有的生物知识。

四、利用生物实验提高教学质量

中学生物教学中实验种类繁多，在课堂上可以充分发挥实验教学的作用。

生物是一门建立在实验基础上的学科，很多理论都要通过实验加以证实。在现实的课堂上，很少有利用实验来给学生解释生物原理的。运用生物实验教学，教师会考虑到学生年龄较小，不会要求学生自己动手，这会造成生物课堂缺乏活力，也不利于学生掌握自主探究生物知识的方法。要想从根本上解决这一难题，就要以实验为支撑，使生物学课堂焕发生机，除了以实验为主外，更应重视培养学生的动手能力。

就像"细胞的分裂与分化"这堂课，就是一个很好的例子。细胞无法用肉眼观测，虽然在生物教材中有细胞的图像，但其对学生的视觉冲击不够，无法让学生真正了解细胞的概念，也不能使其很好地掌握细胞分裂和分化的知识。在实验中，教师要引导学生通过对各阶段的显微组织进行观察，使学生能够看到各种不同的细胞形态。这样，不仅能让学生体会到生命的奇妙，更能让学生掌握这一课的知识。虽然生物实验没有什么危险性，但是教师也不能让学生马上去做，教师首先要让学生对实验过程有一个清晰的认识，在正式开始做实验之前，要保证他们对显微镜的正确使用方法有一个清晰的了解，并且还要对取用切片细胞进行正确的操作，这样可以提升学生的动手能力，保证教学取得很好的效果。

五、初中生自主探究实现深度学习

在新课程改革的大环境下，要在课堂上充分发挥学生的主体作用。要实现这一目标，教师就必须在课堂上积极地转变教学方式，指导学生对生物学内容进行探究。在初中阶段，由于学生的学习自主性不高，要实现学生自主学习对教师的要求就比较高，如果学习者具有较高的学习自主性，就更有可能进行深度学习。当学生在学习中碰到困难时，教师不要急着给他们解答，而要抓住这个时机，培养他们的学习自主性。教师可以将全班学生分为几个小组，采用小组教学方式，利用小组的力量共同探究，从而提升学生的研究能力，并培养他们的自主学习能力。除此之外，在进行合作学习的过程中，学生还可以对合作的重要性有更深一层的认识，从而逐步培养出一种很好的团结合作的理念，为以后在工作和学习中的合作环节奠定扎实的基础。

例如，在教学"土壤中的小动物"时，可以将整个班级的学生分为多个小组，在进行分组的时候，要充分地将学生的学习能力、性格特征等因素考虑进去，然后将他们组成四人一个小组，甚至是六人一个小组，去探究在土壤中都生活着哪些小动物。就拿蚯蚓来说，大多数学生都认识，只是不了解它对于土地的重要性。在一堂新课中，由于学生对新知识仍有一定的迷惘，因此，教师无法直接引导他们去探究新知识。首先要让学生对即将要学习的知识进行预习，便于对教材内容有一个基本的认识。这种情况不但可以使课堂上的讲授更加顺畅，而且还可以使学生自主学习的能力得到提升。同时，在正式的课堂教学中，深度的学习也更有可能被完成。在对相关知识进行研究时，教师不能对此置之不理。这是因为，在小组合作学习的过程中，学生也会碰到许多难以处理的问题，甚至还会产生冲突，因此，教师要关注学生的学习状态，当学生不能正常地学习时，教师就要及时出面，进行有效引导。当小组合作发生冲突时，教师也要对其进行有效的疏导，以帮助其完成小组合作学习活动，从而让他们体会到探究知识的乐趣。

第三节　初中生物深度学习的实施策略

一、探究发现，引导学生深度综合扩展

为了推动学生进行深入的探究，激发他们积极地展开对知识的分析，在生物课堂中，教师可以向学生提出对应的问题，利用问题来创造学习情境，激发他们的学习欲望。要有针对性地设定问题，以特定的知识为目标，让学生在探究问题的过程中，能够掌握该知识点，从而获得一种成功的喜悦。学生要以问题为中心，展开主动的分析和探究，学生可以在自己的思维过程中，对问题进行有效的解决，这有利于学生形成一种坚韧不拔和积极主动的学习态度。

比如，在讲授"人体内的气体交换"时，教师可以问学生：人体内的空气交换和肺部、外部空气的交换都是人的呼吸，那么，呼吸的整个过程由哪四个环节组成？在分析的过程中，对每个环节进行深刻的思考和总结，在脑海中形成体系的认知，从而构建出知识框架图。通过对系统的认知，学生可以将零散的知识系统化，构建出知识结构图，并在运用中随心所欲。

二、诱导点拨，组织学生深度反馈及巩固

在新课程改革中，教师是学生在学习上的引路人和指导者，学生是课堂中

的主体，在学生出现问题的时候，教师要充分地发挥学习引导者的作用，要运用合适的方式来指导他们取得成果，让他们能够更好地对知识进行解析，并确定他们解决问题的方式和思路。在教师的指导下，学生可以建立起自己的思维方式，寻找出可以解答问题的切入点，并根据不同的学习难度，对所学的内容进行剖析和归纳，在思考过程中，持续构建出一个知识架构，从而提升学生的学习效果，进而实现深度学习。

比如，在教学"植物细胞的结构与功能"的时候，为了对植物细胞的基本结构有更深的了解，教师可以组织学生开展实验探究，通过显微镜对细胞内部结构进行观察，从而对细胞的基本组成元素——细胞壁、细胞膜、细胞质和细胞核有更深的了解。通过对细胞质的观察，引导学生了解细胞质是由液泡、叶绿体、线粒体等组成的。在观察中，他们会一一与之相匹配，在主动观看、体验的过程中，他们可以学习知识，从而对知识有更深刻的认识。要想更好地激发学生的积极性，教师要用引导的方法来培养他们的成就感，提高他们的学习积极性，并将他们的反馈与现实相结合，来分析问题、解决问题，从而让他们能够更好地发挥自己的主动性，进而形成一种内在的驱动力。

三、利用实验，点燃学生深度探究的热情

要想培养学生内在的驱动力，除了要靠学生自己的努力之外，还离不开教师的付出。站在学生的角度，采取一种让他们感到愉悦的学习方法，这样才能更好地培养他们的学习动力。实验教学是一种受学生喜爱的学习方法，它可以激发学生的学习兴趣，让他们在课堂上积极地探究知识，并展开深入的思考，从而了解到知识的实质和含义。

比如，在讲解"植物光合作用的场所"时，教师可以让学生利用自己的实践来探究这个问题。首先，教师可以让他们去观察叶片结构，然后再让他们去做一些关于叶片横切片的临时玻片标本。其次，组织学生在显微镜下进行观测，然后与永久切片相结合，通过对不同部位的观察和对比，来了解每一个部位的名称，了解每一个结构的作用。在观察过程中，教师及时引导学生探讨："为何叶片的前、后表皮颜色深浅不同？""陆生植物的上、下表皮是怎样区别的？""气孔的开闭是怎样调节的？""叶片呈绿色与哪些组织结构相关？""光合作用在哪些场所发生？"学生通过观察、思考、分析、感悟，不仅可以训练动手能力，还可以训练思维能力，让他们对知识有更深层次的认识，让他们更

好地运用生物知识，提升实践能力。

四、利用媒体，调动学生深度学习的兴趣

美国心理学家罗杰斯曾说："成功的教学，依赖于老师的真诚，要有对学生的了解与信赖，要有一个让他们感到安心的学习氛围。"在课堂上，教师应充分运用多媒体资源，创造出良好的学习环境，从而提高学生的学习积极性。运用媒介创造情境的方法有很多，教师可以运用多种手段，如音频、视频、图片和文字等，来激发学生的学习兴趣，让他们能够获得不同的知识，从而进行深度的学习。

比如，在"血液循环"这堂课上，要使学生了解血液循环的原理，教师可以利用多媒体将一些抽象的知识形象、具体地展示出来，让学生有一种很好的视觉体验，从而使学生对这些知识有一个直观的印象。通过视频，学生可以了解血液从左心室开始流动，进而通过毛细血管、组织细胞的循环方式。在观察的过程中，学生会对血液所产生的变化进行思考，从而对血液循环的途径和方式有一个清晰的了解，从感性认知提升到理性认知。教师要注重媒体对教学进行干预的时间和方式。当学生没有兴趣、感到迷茫的时候，或是在他们突破学习重难点的时候，媒体可以带给他们不一样的感受，让他们产生学习的欲望，从而激发他们的内在动力，促使他们对知识进行深入的分析和思考。

综上所述，深度学习可以让学生对生物知识进行主动的处理，让他们在问题和任务情境中进行积极的思考，通过多维度、立体式的知识综合，构建出一个知识结构图。通过比较、总结、归纳、概括等方法，学生可以将自己所掌握的知识结构进行整理，从而在深度体验中了解知识的实质，学会运用这些知识，并提升自己的能力。

第四章 初中生物教学有效性的方法研究

第一节 中学生心理特征与提高生物教学有效性的研究

一、遵循心理特征，提高生物教学有效性的具体措施与实践

（一）培养兴趣，激发动机

教学是一项让师生都能投入其中的活动，而教学的效果不仅要看教学的质量，还要看教师在多大程度上能把学生的学习兴趣给调动起来。皮亚杰曾指出："一切知识领域的研究都取决于对兴趣的研究。"托尔斯泰曾说："好的教学，并不在于强迫，而在于唤起学生对它的兴趣。"行为科学的研究也表明，"一个人只要对他所做的事情感兴趣，就可以使他的能力达到80%"。因此，在教学过程中，如何调动学生对知识的兴趣是非常重要的。高效的课堂教学应以激发学生的热情、激发他们的学习动力为主要特点。尤其是在初中这个较长时间的学习过程中，合适的学习动力是良好学习的先决条件。对于自我意识逐渐增强的中学生来说，将其作为一种内在动力的过程最为平稳。激励学生的方式多种多样，如竞赛等。从提高学生对学习的兴趣出发，不失为一种有效的方法。有了兴趣，就有了更多的动力。比如，通过问卷的方式，我们可以了解到，学生喜欢哪些和生活密切相连的内容。只有了解学生的兴趣所在，我们才可以有的放矢地培养学生的兴趣，激发学生的学习动机。

（二）根据身心特点，灵活教学

中学生具有活泼好动、思维活跃的特点，他们擅长表达自己，对事物的爱好很广，但他们的意志力很弱，并不专注。与小学阶段比较，他们在学习的时候，对事物的关注程度都有很大的提升。然而，在经过一段时间的学习之后，他们会产生思维迟钝、情绪烦躁、反应缓慢等问题。因此，在进行课堂教学的

过程中，要注重采用多种形式的教学方式，让学生的中枢神经系统有张有弛、张弛有度，使他们的学习一直处于一种新鲜感和亢奋状态之中。比如，针对初中生活泼好动、喜欢表演的特性，可以采取课本剧的形式，让学生在演中学；针对初中生好胜和不服输的心理，可以通过比赛等形式来激励他们；针对初中生由实转虚的思维特征，可以采用多媒体技术和形象化教具；对于高年级的学生，可以采用"发现式""讨论式"等方法；针对低年级，可以采取简单明了的结构式教学；将"发现式"应用于具有自主学习能力的学生；对于自主学习能力较差的学生，可采取讲授式教学。简而言之，不管在教学过程中采取何种方式，都要充分考虑到中学生的心理特点，突出他们的主体地位，只有将他们的主体地位与学习特性相结合，才能使课堂更有效。

（三）发挥主观能动性，倡导学案导学

新课程改革倡导"以生为本，以师为尊"的教学理念。通过问卷的方式，我们了解到许多学校的教学都存在着一些问题。怎样才能激发学生的主体性，使他们在学习中真正地发挥自己的作用？学案导学不失为一种有效的教学方法。学案导学指的是让学生从自我教育开始，再由学生进行讨论、探究，让他们亲自参加到课堂中去，创造学习的环境和机遇，进而激发自身的主体性。"学案导学"体现以"学生为本"的思想，具有较高的可操作性，有助于在课堂教学中建立一种新的教学理念。心理学的研究表明，只有让学生在自己的生活中，主动地去进行探究和创造，才能让学生的心理和身体达到最佳的状态，才能让他们的思维活跃。所以，将学生作为主体，就是要让他们在学习的过程中，变成认知的主体，变成思维活动的主体。因此，在中学生物教学过程中，针对不同的教学模式以及不同的教学内容，设计不同的学案，这不失为一种行之有效的方法。

（四）尊重个性差异，面向全体学生

个体之间的差异对于教学效果有着明显的作用，这是现代心理学研究中的一项重大成果。学生之间的个体差异是一种客观现象，因此，必须以他们的心理发展水平和个性特征为依据，采用与之相适应的教育教学方法，因材施教，这样才能获得最佳的教育教学效果。通过问卷的方式，可以看出，优等生与学困生在学习动机、自我效能、思维集中程度、作业完成情况上都有明显的差别。这就要求教师要根据每个人的实际情况来制订教学计划，使每个人都能发挥自己的长处。在课堂上，要针对每个人的具体特点，实行"分层次"的教

学，使每个人都能得到充分发展。让不同水平的学生在相同的学习周期中，都有自己想要解决的问题，都可以在自己已有的问题上"跳一跳"，也就是通过思考、解答，获得新发现，得到新的提升。要对学生提出合适的要求，了解他们的"最近发展区"，以便能准确掌握每个学生的状况。能够根据不同类型的学生，提出差异化的目标要求，并采取差异化的教学方式，让每个学生都能拥有一条适合自己的学习路径，避免让低层学生因为学习阶梯太陡而产生畏惧心理，从而打击他们的学习信心；也要避免让高层学生因为学习阶梯太缓而产生骄傲的情绪，影响到他们的学习兴趣，只有这样，才能让每个学生都乐于学习、勤于钻研。要做到优等生"吃得饱"，中等生"吃得好"，后进生"吃得了"，做到人人受益。使学生做到"强项更强""弱项加强"，避免在某个领域由于自身的不足而对后续的研究造成阻碍。综上所述，有效的课堂教学，不管是在设置教学目标方面，还是在设计作业和练习方面，都要具有针对性、层次性、梯度性，要让不同水平的学生有不同的选择，对不同水平的学生要有不同的要求。唯有如此，才能让每位学生都能获得成功，所有学生都能获得成长与进步。

（五）遵循认知特点，培养良好的学习方法

在问卷中，笔者通过分析教学过程中所遇到问题，发现教学中存在着学生学习兴趣和学习方法不足的情况。在调研过程中，我们还发现，学生很少使用归纳、对比、总结、比较、鉴别、演绎、假设等方法来获取事物的实质和规律。与小学阶段比较，初中阶段的思维占据绝对优势，他们能够很好地利用假设来展开逻辑推理，并且能够找到推理过程中的逻辑方法和形式上的不同之处。虽然有些时候，具体的形象会对初中生的思维产生干扰，感觉的体验还会对事物本质的认知产生一定的影响，但不可否定的是，初中阶段是培养学生良好的学习方法、提升其学习能力的重要时期。何进军的研究也表明："学生的学习方法有随年龄增长而发展的趋势，从小学升入初中是学习方法与策略发展较快的阶段。"在课堂上，应针对初中生的认知特征，有针对性地对其进行培训，以达到增强初中生学习能力、学习效果的目的。比如，笔者在讲授"传染病"这节课时，许多学生对传染病的危害性只有理论认识，而没有深刻的亲身体验。"传染源""传播途径"和"易感人群"三者共同构成传染病的蔓延过程。怎样才能让学生感受到传染性疾病的可怕？怎样才能使学生找出问题，并对传染病的特征及三大传播阶段进行总结？笔者又根据初中生具有的逻辑思维认知特征，来设计一种"签名"的游戏。步步设疑，层层推理。通过

四个主要的问题，让学生运用分析、归纳、推理、总结等方法来寻找并解决问题，进而养成良好的学习方法。在签名的过程中，学生一开始还只是简单地执行"签名"这一动作，到了后面，以签名的结果为依据，对传染病的传染环节进行推理，让学生切身感受到传染病传染的力量。在这种研究的过程中，思维变得清晰而深刻，感触变得终生难忘，概念变得清晰明了。在平常，我们总是喜欢将培养学习方法和思维训练挂在嘴上，而在生物学课堂上，怎样才能让学生学会学习？这就真的需要我们下一番功夫，开动自己的大脑。因为，好的学习方式对于提高教学效果有很大的帮助。

（六）多元评价，激发自我效能感

通过问卷的方式，本研究结果表明，先进生与后进生之间的自我效能有明显的不同。在面对困难时，自我效能感高者更乐于接受挑战，并能够坚持自己的行为，而自我效能感低者则表现出畏惧、退缩和轻易放弃的倾向。"成功经验"和"激励性评估"是提高学生学习效率的有效途径。就像比尔·盖茨所说，没有任何事物能像成功那样，给人们带来更多的成就感，也没有任何事物能像成功那样，激励人们去追求更多的成就。所以，要对学生进行多样化的评价，要将教师评价、学生自我评价和相互评价相结合。只有将学校评估和社会评估有机地融合在一起，才能形成更加全面、民主和公平的综合评估。同时，个人的发展也是一个不断变化的过程。上个学期做得很好，下个学期可能就平庸了。或许一个在初一较沉默安静的学生，在初二的时候，就会变得活泼起来。因此，评估也应当是一个动态的过程。我们可以使用"成长记录包"，将学生每个月和每个学期的学习成绩进行综合评价。在某一课程结束时，对学生进行一次长期的、总结性的综合评估。通过多元化的评估方法，让各个水平、各个能力的学生都可以找到自己的优势和劣势，并获得成功的喜悦，从而提高他们的自我效能感，这样的教学才是我们所期望的，也是成功而有效的。

（七）满足情感需求，构建和谐课堂

在学校教学过程中，教师与学生之间形成一种特殊的关系。教师与学生之间的和谐是进行有效教学的先决条件。在问卷中我们发现，由于对某个学科的教师有好感，所以学生对其所教授的学科会更加努力地学。通过问卷的方式，我们也可以看出，大部分学生都比较愿意接受具有亲和力和幽默风趣的教师，而且也很关注教师、同学、父母等对自己的看法。这意味着，与小学时期的学生比较，中学时期的向师性有所降低。同时，学生对教师的情感也更加复杂。

他们期望教师不仅能成为他们知识的传承者，而且能成为他们情感的密切维护者。在教学中，教师与学生之间的感情越好，学生学习的热情越高；反之，将会缺少沟通与共鸣。

教师与学生之间真诚而积极的情感沟通，是构建和谐而有效的教学的前提。所以，在讲课的时候，笔者很注重采用一种温和、平等的教学语言，一种和善、亲切的授课方式，而不是一种高高在上的姿态。在课堂前后，积极地倾听学生的反馈与建议，主动和学生建立朋友般的友谊。在分组活动中，笔者会对一些怯懦、不擅长表达的学生给予足够的重视与鼓励。对于一些课堂上自我控制力比较弱的学生，不会对他们进行指责和处罚，而是在课后积极地与他们进行交谈，对他们的优点给予真诚的赞扬，并表示出自己对他们未来改进的期望。在此基础上，教师应充分尊重学生，确立学生的主体地位，并进行具体的教学设计。老师要创造一个轻松、融洽的学习环境，使学生的情感需求得到最大程度的满足。

二、关于中学生心理特征与提高生物教学性的若干建议

生物学课堂的实效性受多种因素的制约。初中生的心理特点对生物学教学的效果起着重要的作用。同时，要充分考虑教师的职业素养、教学风格、教学道德等方面因素对学生的影响。

（一）有效教学活动要渗透"二期课改"的理念

在"二期课改"的思想指引下，完成"二期课改"的有效教学。"二期课改"提出"以学生发展为本""转变学习方式，培养综合学力"。"二期课改"中提出的一种"理念"、二种"目标"，是实施新一轮课程改革的基础，也是实施新一轮课程改革的行动纲领。这就意味着，不管采取何种方式，都不应该背离教学的目标与宗旨。如果不能做到这一点，那么，"高效教学"就会走上歧途，成为"无效""低效"的教学。

（二）有效教学要注重课堂生成的教学资源

教师的教学行为是一种动态的、不断变化的过程。不管我们在课堂上怎么"精""准"地对学生的学习情况和课本进行详细的剖析，不管我们的教育设施有多先进，不管我们的方法和策略是如何完善，我们都不能预见课堂上会发

生什么，因此，我们要对课堂上随时生成的教学资源进行有效运用，捕捉到那些在一刹那之间迸发出来的思维火花，这将会给我们的教学带来极大的帮助。

（三）有效教学要充分挖掘学习方法的指导

许多因素都会影响课堂教学的有效性。要在强化对学习方法的引导方面做出努力，让学生在学会学习的同时，形成一种科学的学习方式，最后，让他们能够形成一种与自己相适应的学习策略。尤其在作业量大的九年级，更是很少有教师能把对学生学习方法的引导作为一个有效的教学目标。

（四）有效教学要注重教师专业素养的提升

在快速变化的知识环境中，教师应该树立终身学习的理念。我们的教育不能仅限于教室、书本，更要把整个世界展现在学生面前。要想不被时代抛弃，就必须提高自己的职业素质。在不断学习和提高自己专业水平的过程中，教师要注重培养自己的专业素养。教师的教学方式没有好坏之分，其会极大地影响学生对某一门课程的兴趣。因此，笔者相信，在课堂上，教师的讲授方式与自身的素质也会对课堂教学产生一定的影响。

总之，教学就是一个不断探究的过程。提高教学效率，是每个教师所追求的目标。一个成功的课堂，总会有一些不足和遗憾，但更重要的是我们在不断进步、不断完善、不断提升自己。

第二节　关于提高初中生物课堂教学有效性研究的目的、意义及方法

一、初中生物课堂教学有效性研究的目的

生物是一门以生命现象和生命活动规律为主要内容的基础理论科学，同时它也是一门具有很高实验性的学科。各种各样的生活现象和生活方式都是从人类的观察和实验中得到的。在生物学的形成和发展过程中，可以看出，实验与观察是必不可少的，它是生物教学的核心，是对新事物进行验证、探索、发现的最主要方法，也是培养学生探究能力、创造性思维的主要途径。科学家李政道曾经说过："实验无论怎样强调都不过分。"在进行实验的过程中，它不但

可以对学生的观察能力、思维能力、自学能力、综合分析问题和解决问题的能力进行全面的提高，还可以让学生获得对科学学习、研究方法的感性认知，从而对科学方法进行训练，提高学生的科学素养。生物是一种基于实验的学科，因此，在生物教学过程中，实验起着举足轻重的作用。

生物实验是生物教学最基础的一种方法，它具有独特的教育作用：①利用实验，能够将生物理论与实践相结合，从而提高学生的学习兴趣和对知识的渴求，将他们的学习主动性和热情充分调动起来，从而让他们对科学产生浓厚的兴趣。②在强化实验的过程中，学生不但能够获得一些感性的认知，而且能够更好地了解如何基于实验来构建生物学的概念与规律，进而更好地帮助学生形成概念、推导规律、掌握理论，从而对生物知识进行准确、深入的了解。③在实验的过程中，学生可以提高观察能力、思考能力、自主学习能力，以及发现问题、分析问题、解决问题的能力。④在实验的过程中，学生获得严谨的科学态度、科学的思维方式，逐渐掌握生物学习的科学方法。

在当今的素质教育中，强化生物实验是一个十分必要的环节。但是，传统的实验教学被认为是辅助教学的一部分，其中心仍是以掌握基础理论、掌握基本技术为主，一味地强调学生的"死记硬背"和不断重复练习，最终可能导致学生成为"实验员"而没有充分发挥其应有的功能。在当前的素质教育中，让学生进行科学研究，提高其科学研究水平是非常必要的。因此，新生物课程改革，将生物实验摆在最前面。但是，在当前的生物教学中，因为各种原因，把生物实验放到一边，让它"充当替补""坐冷板凳"，可能导致生物实验工作落后、教学质量低下、管理不力等问题。为此，必须加大对生物科学实验课程的改革力度，增强其在课堂上的应用效能，以适应素质教育的需要。

教学是一项有目的性的、讲求效益的活动，其效果是教学的生命所在。为了更好地开展生物学实验，必须从"高效"这一角度出发，探索"高效"的方法，其主要目的有两个：一是发展理论，二是指导实践。从发展的角度来看，进入20世纪以后，"有效教学"思想受到广泛重视，它的核心问题是教学的效益，也就是怎样的教学才算是真正的"高效"。随着教学科学化的发展，西方各国逐渐将教学视为一项"产业"，越来越重视教学的效率和效益，并对教学的有效性进行大量研究。而在国内，关于"高效教学"的研究，大部分都是从"高效地教授"和"高效地接收"两个角度来引入"高效的学习方法"，缺少一定的理论深度，也没有形成体系。新课程的实施为高效教学创造了有利的环境，本节将新课程的实施作为一个出发点，通过对新课程环境下，传统的日常教学和具体的教学实践进行对比，来探讨符合素质教育需要的新课程高效的教学策略，以期为今后的研究工作提供一些参考。从实际出发，探讨"高效课堂"问题，旨在为教师的实践工作提供指导；"高效教学理论"是一种以"回归实践"为主要特点的"应用型"教学，因此，实践过程与理论创造过程是直接统一的。教学有效性的实质是通过对教学活动中教师"教"与学生"学"的实质与规律以及二者之间的联系进行探讨，从而为教学模式的选择、教学组织形式的选择以及教学方法与手段的选择提供理论依据。因此，提高课堂效率，就显得尤为重要。

二、初中生物课堂教学有效性研究的意义

（一）研究有效教学的意义

教学是一门课程实施的根本方式，而课程改革的成效也将在教学中得到体现，在教学中，学生能够掌握知识和技能，能够发展智力，形成正确的态度和素质。如果课堂上的教学效果不明显，那么，整个课程的目的也就无法实现。因此，在新课改的背景下，如何有效地进行教学，如何提升教学效果，就成为新课改的起点与落脚点。对高效教学的研究，在推动传统教学的发展过程中，有着非常重要的作用。高效教学的理论是一种很强的包容性理论，它可以将人类所有传统教学中的合理元素都纳入自己的体系之中，它的扩展范围是非常广阔的，可以在教学的目标、内容、手段、方法、模式、策略等各个方面的研究和实践中，产生出极大的效果。在教学问题上，通常把有效与无效相对应、低效与高效相对应，但实际上，教学，尤其是有组织的教学，是不存在"无效"的，因此，有效教学应是与低效教学相对应的。在新课改的条件下，如何进行高效的课堂教学？"高效教学"是一种旨在提升教师工作效率，加强过程评价与目标管理的现代化教育理念，其实施并非一朝一夕之功。教学是一个涉及准备工作、实施工作和评价工作的系统工程。要提高教学的有效性，真正实现有效教学，教与学这两个方面都不可忽视。对有效教学的研究是提高教师教学和学生学习的效率和效益的需要。目前，在我国中小学的教育实践中，普遍出现一些"效率低下""不讲成效"的现象。例如，一些教师在教学时，并没有根据学生原来的认知情况来进行指导，他们只是根据自己对课本的了解来进行指导，把学生当成一个容器，进行强制性的灌输；有些教师只是拿着课本或者教辅材料在教室里复述；一些教师过分关注学生的成绩，盲目地进行习题练习。这种教学方式，不仅减少了学生的课余时间，加重了他们的负担，而且没有让

他们学到终身受用的知识，他们的素质也没有得到提高。

21世纪的教学，已经从单纯地教授学生课本上的知识，转变为培养学生探究式学会的新技能。让学生学会怎样学习、怎样劳动、怎样与别人一起生活、怎样生存，是学校教学的基本任务。新课程、新教材体现出新的教育理念，对新课程的实施提出更高的要求。但不管怎么革新，归根结底还是要在教学活动中进行，还是教师怎么教，学生怎么学，怎样在教学中取得成效的问题。如果没有效果，或者效果不大，那么，所有的教育变革都将化为乌有，所谓的"新课改"也将变成一场梦幻。因此，在新的课程体系中，教学的有效性是其根本，也是其终极目标。

提高教学有效性是提高教学质量的重要途径。新一轮基础教育课程改革，使旧的课程体制、课程理念发生根本性的变化，使旧的课程哲学、课程价值发生巨大的变化。新课程中出现许多新的概念，这些都是教师在以往的教学中所不熟知和使用的，这些都给教师的思维方式和教学方法带来很大的考验，这就要求教师在教学过程中做出反应，并期望教师的角色发生变化。这就需要教师根据新课改的理念，不断改进自己的课堂教学，使之与新课改的理念相一致。

科技的快速发展、社会的进步，以及各类资讯的爆炸性增加，使得学习变成一种生活的必需，使得整个社会变成一个学习型社会，而学习应当是每个人最根本的需求和权利。世界首届终身学习大会提出"终身学习是21世纪的生存概念"，并将其视为一个人在21世纪中存活的重要因素。在校园中，传统的教学方法已经不能适应终身学习的需求。要想真正实现终身学习、适应学习型社会的要求，就必须改进学生的学习方式，让他们自主、高效地进行学习，这是我国培育创新型人才的迫切需求。

在当今时代，科学技术已经成为推动社会发展的第一生产力。在科技飞速发展、"知识经济"崛起的今天，我们必须不断地进行创新。要想实现创新，最根本的还是人才，人才的成长靠教育，教育水平提高了，科技进步与知识经济发展才有后劲。随着时代的进步，人们对人才的要求也越来越高，这就给教育带来更多的变化，而以应试为主的传统教育，已经无法满足人们对知识和技能的全面发展需求。如何改进教学方法，提高教学效果，是当前基础教育新一轮教学中亟待解决的问题。21世纪的基础教育课程改革，其根本出发点是：培养和提高学生的全面发展能力。要让学生的潜能得以发挥，让他们的学习能力得以提高，就是让所有的学生都能够获得全方位的发展，而不是仅仅将他们限制在学校内临时发展。在传统的生物课堂教学中，学生只能被动地接受知识、机械地训练、死记硬背、简单地重复，学习能力难以提高。学生难以对学习产生浓厚的兴趣，他们的思想变得十分呆板，这就导致到了一个比较轻松的环境中，当他们面临不断增长的新知识和新信息的时候，会感到手足无措，更别提创造和发展了。所以，转变传统的教学方法，让学生主动地、个性化地进行自主的研究和探索，将有助于提升他们的科学素质，促进他们的全面发展。"以德育为核心，以创新精神和实践能力为重点的素质教育"，是我国当前教育改革和发展的目标，而在这当中，对创新能力的培养特别重要。学生的创造力与科学素质的提高，需要在中学环境下进行。实验教学的目的主要集中在认识论和动机两个方面，它十分注重对学生在实验中掌握科学概念、原理和定律等科学知识的训练，注重对学生的实验能力、观察能力和严谨的科学态度的训练。但是，从实验教学的作用、现代教育对学生科学素质的要求以及新课程的理念来观察，在实验教学中，应该强调用实验来对学生进行科学方法的教育，特别是在实验方法论的教育中，要将探究精神和创造力的教育思想充分反映出来，要对具体培养的实验技能和能力进行详细说明，并形成科学的世界观，这是在态度和观念上的一个重要目标。

（二）中学生物实验教学对学生发展的意义

（1）有助于学生对所学习基本理论的深入了解、对所学的基本理论进行巩固、对生物学基本理论的直接把握。在进行实验的过程中，利用对实物的观测和研究，可以加强学生的感性认知，强化他们的观念，加深他们对原理、规律的理解，同时还对学生掌握探究生物学知识的方法有所帮助。这对提高学生的生物能力具有重要意义。新的初中生物课程标准提出"注重基础生物学知识培养"的新理念。在这份标准中，要让学生掌握运用显微镜等仪器，制作临时装片、解剖小动物、采集并制作生物样本，进行一些简单的生物实验，制作出一幅生物图等技能。

（2）对提高学生的观察能力，思维能力，分析问题、解决问题的能力都有很大的帮助。实验是一种使用双手和大脑进行的实际操作，是培养学生观察能力最直接、最有效的途径，能够通过表象来把握事情的实质，对问题的原因进行分析，从而找到解决问题的办法和对策。从某种意义上说，实验是对科研活动的一种模拟，也是科研活动的一种重要手段。探究式的实验教学和让学生开展实验设计活动，有利于学生提出问题、做出假设、设计实验、观察记录、分析推理等多方面科研能力的发展。

（3）对培养学生的理性认知具有重要的指导意义。在生物实验中，可以让学生切实而形象地认识到，所有的生命活动都是有物质基础的，还可以让他们深刻地感受到生物和环境、结构和功能的辩证统一，认识到事物是变化发展的，这为他们的辩证唯物主义自然观奠定了良好的基础。

（4）有助于培养学生严谨的科学态度、实事求是的工作作风和认真细致的学习习惯。生物实验自身要求严谨、科学，必须符合实际。在教学中，只有掌握正确的教学方法与操作程序，才能实现教学目标。所以，在进行实验的时候，教师要对学生进行严格的指导，让他们按照正确的操作规范，认真地进行实验，并对实验现象进行细致观察，同时对实验结果的客观事实给予足够的重视，要把实验过程中所遇到的困难和失败都考虑进去，这样才能让学生慢慢地建立起严谨的科学态度，培养出实事求是的工作作风以及认真细致的学习习惯。

（5）能有效地提高学生的兴趣和积极性。生物学实验具有很强的形象性和直观性，在这些实验中，学生能看到平常看不到的生物微观世界，也能看到平常见不到的生理过程和生理现象，他们会非常兴奋并对此产生浓厚的兴趣，从而极大地激发学生对生物的学习热情。

（6）对培养学生的团结协作精神具有积极作用。因为现代科学的发展特征以及不同学科之间的相互影响，科研等领域对科学家、科研人员之间的合作提出更高的要求，而这也是现代科研、生产和管理人员所需要的一种基本素质。在学生做实验时，常常采用"分组"的方式，通过合作，可以使他们更好地发挥团队合作的作用。

三、提高初中生物课堂教学有效性研究的方法

（一）新课程改革注重生物实验教学

新课程改革的终极目的，是贯彻落实"科教兴国"的重要措施，对促进我国高等教育发展具有重要意义。生物是一门基于实验的学科，因此，在生物学教学过程中，实验起着举足轻重的作用。实验不仅能够帮助学生获取知识，训练学生使用科学的方法，而且能培养学生的初步研究能力、创新能力，从而提高学生的科学素质。所以，这一次的生物课程改革也将实验教学摆在最前面，而长久以来困扰着整个教育界的高消耗低效率问题也越来越受到关注。

（二）新课程改革呼唤教学的有效性

21 世纪将是一个信息化、知识化的年代，人类的知识量将以数十倍的速

率增长，然而，与之相比，学生所能获得的学习机会却很少。在这种情况下，教师应该采取什么样的教育方法，才能更好地进行教学。从目前世界范围内的教育改革情况来看，人们所关心的焦点都集中在学生的发展上，而在学生的教育生活中，课堂教学是最为关键的一个环节，高效的教学交互是推动学生积极发展的最主要方式。因此，我们必须与教学实际相结合，对此进行更多的探讨。

从目前的教育变革情况来看，虽然在教育理念、教学内容、师生关系等领域人们已经有了较为系统的探讨，但是在现实生活中，教师的教学效率仍然很低，这已经成为制约教育变革的一个"瓶颈"，亟待开展切实而又有效的教学变革，特别是对未来教育变革的前瞻性和可操作性的探究。以培养学生的创新精神和实践能力为中心的新一轮的课程改革，已经在义务教育阶段取得很多的成果，但是在当前的社会环境和考试体制下，我们的课堂上仍然存在着"考什么，教什么""考什么，学什么"的现象。主要体现在以下几点：

从教师所教的角度来观察：①在教学的过程中，只注重对生物基础知识和基本技巧的传授，而忽略对学生在学习过程中所产生的情感体验和科学态度、价值观的培养；②在课堂上注重学生学习的成果而忽略学生学习的生成和发展过程；③在课堂上注重应试知识的传授，而忽略对学生综合能力的提高；④在生物学课堂中，现代教育技术的作用还没有完全发挥出来。

从学习者的表现上可以看出：①绝大多数的学习者对生物学缺乏浓厚的兴趣；②学生在课堂上的学习行为仍然以消极接受为主；③学生提问和发问的次数不多；④学生对生物实验内容的了解不够深入。

为了克服以往的种种弊端，新课程引入诸多新的教学理念，将教学与课程有机地结合起来，既是一种实施、传授的过程，也是一种发展、革新的过程，建构符合素质教育要求的教学指标，强化"三位一体"的价值观，营造和谐的师生关系，让师生在交流中获得更多的直接体验和更多的间接体验，把课本上的知识和现实中的知识连接起来，让教师转变讲授的方法，让学生学得更好。新观念有助于激发学习者的主体意识、创新意识，促进课堂教学的实效性。可以说，新一轮的教育改革，为教学的教育改革创造了有利的环境。

第三节 提高课堂教学有效性的策略探讨

建立起一种科学、理性的教育理念，展开一种科学的教学设计，并对学生的现实状况进行分析、确定，这些都是进行有效教学的先决条件和基础。但是，要想实现有效教学，最重要的还是要看对课堂教学的具体操作，也就是要实施有效的教学策略。在此基础上，本节提出一种新的、具有针对性的、可操作的、可持续发展的教学策略。所谓教学策略，是在一定的教学思想和教学理论的指引下，为了达到一个明确的教学目的或教学任务，要对学生的学习进行全面的、系统化的研究，并将其转化为能够进行具体的、可以被执行的、整体化的实施方案。教学有效性战略是一种能够实现教学目标、完成教学任务的方法，它基于对教学活动及其要素的明确理解，是对教学活动展开统一的规划、评价和调控的一系列实施过程，并以追求最佳教学效率为目的的计策和谋略。其中，由教学方法与技能构成的微观教学策略更受关注。

一、提高生物学教师的实验素质

（一）教师是影响教学有效性的重要因素

"三中心"的传统教育理念到近代教育学的诸多教育理念，都突出了教育活动中教师的角色。比如，"柏林学派"代表人物之一的沃尔夫冈·舒尔茨就曾说过："在老师和学生的互动中，当他们从老师那里学到东西的时候，他们不但会得到老师有意给予的东西，还会得到老师无意中透露的东西，从而适应老师的行为。因此，这一调整可以是正面的、积极的，也可以是负面的。"布鲁纳说："在教学情境中，权威问题总是会出现的。教师与学生的关系，是一股不可忽视的力量。"

教师在课堂效率上的作用体现为：

1. 教师的教育观念

教师的教育观又是决定其教学效果的重要因素。一名教师，能否对国家的教育方针政策进行充分的了解，并将其落实到自己的日常工作中去，能否树立起主体性教育、素质教育、终身教育、创造教育等教育理念，能否具备改革创新意识、竞争意识、挑战意识、合作意识、效益意识，能否面向全体学生、关注学生的全面发展，能否把教会学生学会学习看得比教给学生知识更重要。如果没有转变思想，就不会有行为的转变。

2. 教师的思想道德水平

教师道德在教育中的作用受到广泛关注，一方面是因为长期以来形成的"重才轻德"意识的影响；另一方面，由于"师德"具有"内隐""潜在"和

"长远"的特点，因而难以被观察到，难以对其进行定量评估。而"师德"又是对教师人格产生重要作用的中心环节，是提升教师自身质量的动因与源头，更是获得社会认同与大力拥护的重要因素。一个有责任感、有事业心、爱岗敬业、尊重热爱学生、以身作则、为人师表的教师，可以用自己的人格魅力和崇高情操获得学生的尊敬，让学生"亲其师而信其道"。

3. 教师的智力

从教师的智力素质方面来看，教师的观察力是否敏锐，想象力是否丰富，思维是否灵活，记忆力和创造思维是否强大，这些都会对课堂的效果产生很大的影响。在制定教学决策、选择教学方法、解决教学问题等方面，教师的智力水平对其产生很大影响。拥有敏锐感受、丰富想象、创新思维、准确判断、快速记忆等智力素质的教师，可以更好地把握教学时机，将教学矛盾转化，可以以教学对象的现实状况和所面对的特定环境为依据，适时地做出决定和抉择，并对自己的教学行为进行调整。

4. 教师的科学文化水平

教师的文化水平，从其知识结构中可以看出，其内容包含学科专业知识、相关科学知识、实践性知识教学经验、条件知识教育学和心理学知识，其知识与学生的学习效益有明显的正相关关系。由于学科的专门知识是教师进行这门课程的基本依据，有关的科学知识是扩大学生知识面的关键，而丰厚的教学经验则是实现教学最佳效果的保证，因此，教育学和心理学的知识是让教学与学生的发展特征相匹配的前提和联系。所以，为了提升教学效果，教师需要对自己所学的学科进行深入的研究，同时还要对其他方面的知识进行全面的应用，这样，才能达到真、善、美的境界。

5. 教师的教学能力

教师的教学能力指的是：为了确保教学的效果，实现期望的教学目的，教师在教学的过程中所展现出的方法与设计、组织与管理、动手与操作、表达与激励、评价与反馈、调节与控制、理解与交往、教研与科研等，这些都与教学的有效性有着十分紧密的联系。一名教师仅仅拥有一门专业精深的课程，而不能运用合适的方式来指导学生的学习，就很难激发出学生的学习热情。即使一名教师拥有很高的智慧，但是他并没有把精力放在对教学的研究上，也没有掌握专门的教学技能，那么他的教学效果就会大大降低。一位优秀的教师，除了传授知识之外，更多的是传授方法和技能。

6. 教师的心理品质

教师的心理素质对其教学效果也有很大的作用。在个性品质方面，可以观察到：教师具有广泛的兴趣和爱好、热情开朗诚恳的态度、自尊自信自强的品德、高尚的情操和人格魅力、顽强的自我控制力和意志、民主平等合作的精神、敢于自我教育批评的品质等，这些因素都会对教学效能产生积极的作用。一个性格孤僻、狭隘、自私的教师，很难将学生的胸襟和宽容的态度培养出来，一个唯我独尊的教师很难营造出民主、和谐、融洽的班级氛围，反而会造成紧张、对立、恐惧、沉闷的班级氛围，学生不会对这种教师打开自己的内心世界，也不会轻易表达自己的观点，更不会激发他们的认知欲望。

（二）提高教师的教学技巧

教师的基本素质是实施有效教学的根本和先决条件，为了保证教学的有效性，教师一定要拥有经过长时间培训而养成的熟练的职业技术和教学能力，并且在持续的练习中，把它们提升到教育教学的水平。在《高等师范学校学生的教师职业技能训练大纲（试行）》中，对师范院校的毕业生提出以下几个方面的要求：在教学设计、教学媒体运用、课堂教学、课外活动组织与指导、教学科研等方面，要有较强的教学能力。澳大利亚的特尼教授和其他学者对教学技巧进行过深入的探讨，认为教学技巧主要有如下七种：

1. 动力技巧

主要内容有：强化学生的行为、多样化的刺激、鼓励学生参与、接纳和支持学生的感受、表达热情、了解和满足学生的需要。

2. 讲授与交流的技巧

通过讲解、表演、阅读、运用影音设备，鼓励学生提出问题、阐述、表达，并系统地反复练习。

3. 提问技巧

主要包括对难点问题的反复引导和重点引导，对歧异性和差异性问题的引导和对学生积极性的调动。

4. 小组个人辅导技巧

例如，举办小团体活动，培养学生的自主性，辅导、鼓励合作活动，鼓励同学之间的合作等。

5. 培养学生思考技巧

比如，对探究性学习进行激励，对发现进行指导，对指定概念使用一种刺激手法，利用角色和游戏来激发学生的思考，对学生解决问题的能力进行培养，同时还可以对学生进行评价和判断，并对他们的批判性思维进行培养。

6. 评估技巧

主要内容有：了解和评定学生的进展情况、发现问题、建议改善措施、提倡自评和举办评量研讨等。

7. 课堂管理与纪律

主要内容有：识别专注和不专注的行为，督导团队工作，激励有目的的行为，提供指引和帮助，帮助学生解决各种问题。

（三）提高教师的教学能力

教师的教学技能和技巧都是以自身的教学能力为前提的，要想实现高效的教学，首先要提升自己的教学水平，具体表现为：

1. 提高语言表达能力

教师的语言表达能力对其授课质量有着很大的影响，因此，要做到言简意赅，生动活泼，富有感染力；讲授的时候，要用通俗的语言，这样才不会让人觉得呆板和枯燥；要做到文法正确，语音和语调抑扬顿挫，富有感情，才能激发出学生的情感体验。除此之外，在教学过程中，教师与学生之间的非语言沟通也是非常关键的一环，教师恰当的姿势和表情不但能够提高语言表达的效果，而且还能够独立地传达出某种含义。

2. 提高教学设计能力

教学设计能力与教学质量有很大的联系，它指的是教师对教学的整体控制的能力，具体包含教学目标的确定、对教材的运用和处理，以及教学策略的选择和设计等内容。在这些因素中，对教材的了解和使用能力是非常关键的，也就是说，教师能够对学科结构与学生的认知特征之间的联系有一个全面的了解，并以学生的认知特征和教材的逻辑结构为基础，对教材的重点、难点进行拆解，使之有利于学生的了解。并对教科书中各个环节与教学目标之间的联系进行分析，明确学生掌握知识、训练技能、培养情感等各项教学目标与具体教材内容之间的联系。

3. 提高组织、管理和调控教学活动的能力

在课堂中，教师的主导作用是指对影响课堂教学活动的各个要素、各个环节进行有效的调控，从而最大限度地调动学生学习的积极性。教学的组织和管理能力，指的是根据学生的特征，有创意地将教师的主导作用充分发挥出来，时刻关注学生的注意力、兴趣和学习热情的变化，并据此来调整教学的节奏和各环节的转换，而教学机智就是这种能力的一种体现。因为教学活动的复杂性和多样性，所以在课堂上，每时每刻都有可能出现意想不到的突发事件。这就

要求教师拥有处理这些突发事件的基本技能，当事情发生的时候，要冷静分析，正确判断，机智处理，这样才能保证教学过程不被打断，不会对学生产生不利的影响。

同时，在不同的学习过程中，教师应该能够获得不同程度的反馈，从而做出相应的调整。在教学中，教师要根据自己的实际情况，利用教育学、心理学等相关理论，在自己的实际工作中，逐步培养出较强的组织、管理和调控等能力。

4. 提高教育科研能力

要实施高效的教学，就必须有研究性的教育，而研究性的教育是一个"教研相长"、教与研紧密结合的教学过程。信息处理能力、归纳推理能力、创新能力等是教育科研能力的重要组成部分，这不仅是教师自身可持续发展的需要，也是教育可持续发展的需要，因此，提升教育科研能力对于教师的专业化发展至关重要。

（四）提高实验有效性的具体方法

教学有效性策略指的是，为了达到教学目的，完成教学任务，在对教学活动清楚认知的基础上，对教学活动展开调节和控制的一系列实施过程。具体而言，就是利用"有效备课策略""有效上课策略"等行为方法，提升课堂教学的有效性。

1. 有效备课策略

（1）准备学习材料。在开展每个实验课程之前，教师都要对教学大纲进行仔细的学习，对教材中的内容进行深入的研究，对实验的目的、内容、重点、难点有一个清晰的认识，对实验过程中的各个环节进行细致的设计与布置，指导学生对实验所用的仪器、药品、材料进行充分的准备，以确保实验课程的顺利开展，此外，还要准备好实验课程中所需的挂图、标本、幻灯片等辅助性教具。例如，在七年级下册第八章观察蚕豆叶组成的实验中，目标应当是对叶片的结构进行观察，而不是让学生练习制作切片。因此，在实验课上，教师必须对学生制作切片的操作时间进行控制，以免耽误学生对叶片的结构进行观察。对于这种情况，教师可以在上课之前指导学生尽可能地做好切片。在进行此项实验之前，鼓励学生多收集一些蚕豆叶来进行实践，由于在乡村地区，蚕豆叶比较好收集，所以学生有充足的时间来制作切片，而不必害怕切片制作失败浪费大量的时间，这样在实验课上，就可以留下更多的时间来对叶片结构进行观察。

（2）预测学生情况。在学生进行实验课程之前，教师至少要操作一遍实验，要知道在实验的过程中，哪一个环节容易发生错误，并对学生的各类实验操作有一个预测，同时还要帮助学生进行正确的分析、合理的解释。要重视学生的潜能、主动性和差异性，要提倡小组备课，要挖掘与运用好课堂资源。

（3）研究优化方法。对实验课程进行合理的设计，运用科学的方式对实验课程进行培训，从而提升实验课程的教学效果，并对学生的综合能力和综合素养进行全面的培养。当前，在演示和验证性两种实验中，比较适宜的是同步教学法，也就是教师一边讲解一边演示，学生一边做，这种方式更容易让学生理解和接受。在探究性实验中，可以首先引入一种常用的方法，然后鼓励学生提出更好的方法，并共同讨论其优点和缺点。

（4）改变教育理念，建立符合新课程要求的教学观。在准备课程或进行教学设计的时候，可以对课本进行适当的调整，充分考虑并为学生提供更多的实验的可能性，比如将演示实验改为学生实验、探究性实验、设计实验等，让学生有强烈的兴趣和充分的学习积极性来参加实验，从而激发学生对实验进行主动探究的兴趣和动力。

2. 有效上课策略

以"真实"为基石，以"开放"为阶梯，以"情感"为连接，以课堂教学为主阵地，运用新课程理念，切实提高课堂教学的有效性。

（1）重视培养对象的综合性，增强培养对象的针对性。新课程标准将"知识与技能""过程与方法""情感态度与价值观"这三个方面的目标进行整合，并对其进行考察与适当引导。在课堂教学过程中，教师要时刻关注自己的教学活动，看它与自己的目的是否相匹配，用与学生之间的互动方式，将教与学之间的矛盾关系进行协调和整合，纠正与目的存在的偏离，从而提升教学的方向性、针对性、有效性，从而保证在课堂上开展的每一项活动，都能以教学目的为中心展开。注重课堂教学目标的内在结构和有序性，对认识目标的理解、应用、分析、综合、评价等方面进行具体的规定，并将其体现为层次性、递进性、明确性、可操作性、可度量性。

（2）创设一种较好的课堂气氛。在课堂中，要以积极的情感来看待学生，要充分发挥教育民主的作用，要对教育组织进行优化，要尊重、赞赏、帮助和引导学生，要让学生体会到学习的快乐。对具有自觉型实验态度的学生给予积极的支持和激励；对属于被动型实验态度的学生给予帮助；提倡学生之间以及小组之间的合作与竞争，使每一位学生的实验主动性得到更好的发挥。挑选几个有趣、刺激、富有挑战的实验题目，让学生的主观能动性得到充分的发挥，从而提升他们对实验进行探究的兴趣和动力。构建一种相互尊重、民主平等、情感和谐的师生关系，激发学生进行实验的主动性与积极性，让他们始终对实验产生浓厚的兴趣与动机。在课堂上，应该采取与教学内容和学生兴趣相适应的各种形式，让学生能够积极主动、愉快地学习。

（3）创造一个自由、民主、轻松的课堂氛围，从一个传授者、一个维护课堂纪律者，转变为一个引导者、一个促进者、一个协助者。在实验教学中，要营造一个自由、民主、轻松的实验教室氛围，让学生享受到真实的"心理安全""心理自由"，学生可以自由地把自己的想法和欲望尽情地表现出来，不必刻意地压抑、扭曲、遮掩，更不必害怕被他人嘲笑，学生可以用自己的独特方法对待事情，而不必盲目地跟随，从而让学生在实验中积极地投入，达到教师和学生之间情感和思维的互动。在实验课堂上，要勇于挑战"乱"，要在"乱"中追求民主，真正做到师生探究、生生探究，从而引导和促进学生发展。

（4）活化课程，从实验知识和技术的传承者到实验组织者和开发者的转变过程。在新课程观下，教师应确立以构建主义为核心的课程观念。建构主义主张在教师的引导下，以学生为主体进行教学。作为信息的载体，学生是知识意义上的积极构建者，而教师在教学过程中扮演着组织者、指导者的角色，教师要在促进和帮助学生学习构建过程中发挥作用。与此同时，在进行实验教学的时候，教师要根据课程标准、现有的教学资源、学生的实际情况、具体的教学情境，对课本进行创新应用，要将实验教学从课题到过程、再到评价都落到实处。

（5）以每个人的发展为本。关注学生，理性调节，让课堂"活"起来、"动"起来，在"热场面"中"冷思考"，探究有效实现目标的方法，即：选择有效的内容、确定有效的形式、使学生有效地学习、教师有效地参与，让师生多元互动，充分挖掘并运用好一般资源、创造性资源、失误资源，并及时地、有针对性地、适当地指导等。要以学生的心理特点、思维特点为依据，在遇到疑问、意见分歧的地方，在进行知识、方法归纳的时候，要将教师的引领功能发挥到最大，并对其进行适时的点拨和指导，对预设与生成的关系进行妥善处理。建立一个民主的教学平台，转变教师的角色，使学生成为学习的主体，教师成为学生的引导者。通过问题来开启学生的智力之门，通过创造情境来引发他们对知识的兴趣，造成认识的矛盾冲突，从而引发他们对知识的渴望。向着自主、合作、探究式学习的方向发展。改进教学方法，将接受型与研究型相融合，提倡多种形式的教学方法。

（五）教师实现有效教学的其他注意事项

1．实现课堂教学的两个转移

由以教师为重心转移到以学生为重心，不仅重视教师对课程的规划和执行，更重视学生对所学知识的运用；由传授知识为重心转移到培养能力为重心，既对知识的传播方式进行探讨，又对学生智力的开发进行探讨。

2．实现教学方式的八个转变

①从强调教师的"教"到强调学生的"学"；②从依靠管卡压迫使学生就范到用生动有趣的课堂讲授激发学生的积极性；③从以口头讲授为主转变为以教学设计为中心、以丰富多样的学习活动为中心，并对学生进行恰当的辅导；④从单纯的教授知识到引导学生体验过程、领悟方法；⑤从传统的"责备"到对教师"教"的反省；⑥从"封闭"到"开放"；⑦从"仿效"到"创新"；⑧从以身体为本、以时间为本的课堂教学，向以"科研兴教"为本的智慧课堂教学转变。

3．注意七个方面的"教学细节"

①"高效教学"应具有"必要""清晰"和"适时"等特点，并具有"点拨""引导""启发"和"强化"等功能。在准备课程的时候，教师要想好怎样才能在课堂一开始就引起学生的关注，在教学计划中要采用什么样的方法来引起学生的关注，并向他们介绍一些新鲜而又有意思的话题，让他们了解到实验的主要内容和难点。②提出的问题要有针对性，要掌握好问题的开放性，要有深度、层次。③做到高效聆听，使学生感受到教师在用心聆听。④及时、积极的反馈是必要的。⑤要实现对学生的有效鼓励，就必须具备"激励性人格"，如热情、期待、信任等。⑥高效的活动，应该是有目的的、有智慧的，是讨论、合作、动手的形成。⑦高效的管理，让学生自由地去想、去做、去活动，并使学生思考有方向，行动有目标，活动有收获。要将学生的学习热情发挥到最大，要及时改变训练方法，在教学中实现民主管理、有效监督和主动维护。

4．教师教学手段的多样化策略

在课堂上，教师的教学语言应具有一定的吸引力，要清晰明了、科学性强、艺术性强。在课堂上，教师应对板书进行科学的规划，防止其随意和混乱。在使用中应注意选用适当的教材，充分利用现代教育技术。运用适当的教学工具，如实物、标本、图片、模型等来组织教学，不仅要引起学生的注意，更要让他们对教学内容有更清晰的了解，从而把教学内容理解得更透彻，掌握得更牢固。运用幻灯机、多媒体和计算机等现代教育技术，能加快教学的进度，降低教学的难度，拓宽新知识的范围，从而提高教学的效果。

二、探究学生心理、提高学生学习效益

（一）学生决定教学是否成功

在新的教育理念下，学生在教育活动中的地位与功能日益受到关注。学生是学习活动的主体，是教学过程的能动参与者。主体参与是教学活动发生的根本，如果没有它，就不会出现教学活动，它会确定教学活动的始发、教学活动的过程、教学的有效性。学生对教学有效性的影响，主要体现在他们的总体特点和起点能力上。学生总体素质会对其学业表现产生一定的影响，包括年龄特征和个性差异。在每个年龄层次，他们的认知发展水平也存在差异，因此针对他们的学习内容和方法的选择也需要有差异，如果选择错误，就有可能导致教学效率低下。心理学的研究还发现，在学生个体之间，也会出现很大的不同，具体体现在动机与兴趣、智力与认知方式、性格与气质等方面，这些都会对课堂教学的有效性产生影响。在课堂上，一位教师要同时对几十名学生进行课堂教学，就必须充分重视每个学生在认知、情感和能力上的不同，才能取得良好的教学成效。学生的起点能力是指在教学开始之前学生原先具有的学习基础。学生的起点能力是教学的起点，如果不知道他们的起点能力，那么在教学中"有的放矢"就会变得困难，如果把他们的起点能力设定得过高或者过低，就会与学生的实际相背离，从而导致他们在课堂上浪费大量的时间和精力，降低了教学的效果。

为了提升课堂效率，应最大限度地减少学生自身特点对课堂效率的消极作用，可以从如下方面入手：

1. 鼓励学生自主学习，勤思多问

自主学习就是指由个人进行独立的思维活动，通过自己发现和研究问题，从而探索和获得知识的过程。在对学生进行教学的过程中，教师要注意多启发、多提问，不能完全由教师来做，要让学生自己去质疑、去调查、去探究。

2. 提倡学生合作学习，取长补短

学生在自主学习过程中所得到的大部分生物学主题的意义构建，都有可能是不完整的或者不准确的。因此，学生就必须在一个互相合作的学习团体中，对各自的观点、假设展开批判性的讨论和争论，这样才能够让不同的观点、结

论进行交锋、碰撞，从而让每个学生对问题的认识进行补充、修改、深化。这样的学生协作，不但可以让他们进行头脑风暴、互相切磋、提高他们的认知，还可以让他们养成一种合作精神和行为，养成一种优秀的非认知品质，从而满足社会化教育的要求，培养出现代化社会所需的优秀人才。

3. 引导学生探究学习，不断完善

探究式学习就是让学生在质疑和提问中，让他们自己去探究和解答，让他们成为一个积极的探究者，这个过程就是一个研究和创新的过程。在初中生物实验新课程的执行中，探究式学习可以表现出如下几个方面的变化：①摆脱对知识纯粹客观的盲目崇拜，将教学视为一个帮助学生构建知识的动态过程；②探究生命和科学两个领域的融合；③构建一种新的、互帮互利的教师与学生之间的互动与协作关系。

4. 关注学生个体差异，满足不同学生的学习需要，使每个学生都能得到充分自由的发展

在生物课程中，实验在提高学生的科研素养和科研能力方面起着无可取代的作用。在进行实验时，经常会出现一些学生因为受到一些不好的心理因素的干扰，产生一些不好的结果，从而造成一些意外。造成这种情况的主要因素包括：①缺乏心理准备；②求知欲过高；③自我控制能力较弱；④弄虚作假；⑤操作定式；⑥虎头蛇尾。

（二）学生的学习策略

学习策略是指学生在学习活动中有效学习的程序、规则、方法、技巧及控制方式。有学者把学习策略划分为三种类型：认知策略，包括复述、精加工、组织策略；元认知策略，包括计划策略、监督策略和调节策略；资源管理策略，例如时间管理、学习环境管理、人员管理，以及来自他人的支持等。而这正是培养独立、自主和高效学习者的最基本因素。可以看出，学生的学习策略是影响教学有效性的重要因素之一。

新的中学生物课程设计，从以教师"教"为重点转向以学生"学"为重点，从以系统知识为主转向以生活知识为主，从以知识被动接收为主转向以积极探究和构建知识为主；从以个人学习进展为主转向以个人发展和群体合作为主；从以"一视同仁"为主转向以"个体差异"为主。因此，如何在课堂上更好地发挥学生学习策略的优势，是提高课堂效率的关键所在。

（三）在生物实验中培养学生探究能力应注意的几个问题

1. 营造良好的探究学习氛围

在生物实验的教学过程中，教师要注重为学生创造一个自由、民主、轻松的学习环境，让学生可以大胆地设计并提出实验方案，要对学生的积极参与精神和创新意识给予充分的认可，为学生创造一个自由的实验空间。除此之外，教师还应该对学生的好奇心、探究欲望和探究行为给予充分的认可，让他们根据自己的计划来开展探究活动，让学生在探究的过程中经历失败的锤炼，体会到探究的快乐和成功的快乐，从而对学生探究的创新能力进行发展。

2. 注意在生物实验中培养学生的科学素质

生物实验是一项集实验与观察、探究与验证、分析与统计于一身的科学行为。在生物实验课上，教师可以依据学生的实际情况，结合具体的学习内容，指导学生进行科学合理的探究。指导学生逐步学习科学的研究方法，并对他们的科学精神、认真的科学态度以及团结协作的科学作风进行培养，从而提升他们的综合科学素养。

3. 学生是实验主体，教师要起到引导作用

在生物实验中，学生是主体，教师起主导作用：①为发展学生的思维创造条件；②启发式思维，提高课堂参与性；③对学生的思维进行引导，做到思维的科学化；④掌握好课程的学习目的，避免随意。在课堂上，教师要引导学生对问题进行讨论和思考，要从学生的角度去对问题进行预测和探究，不能对学生的思维进行限制和扼杀，要让学生的思维得到最大程度的发挥。讨论的过程，其实就是一个相互竞争、相互诱导、相互提高的过程，是一个思想交流的过程，在这个过程中，创造性思维可以像喷泉一样喷涌而出，不断地碰撞出新的火花，同时，同学之间的互动也是老师所不能替代的。

三、整合教学内容，有效管理课堂，注重课堂心理研究

（一）教学内容有效性是保证教学有效的一个重要条件

1. 全面化确定教学目标

教学目标是教学活动的"灵魂"，具有引导、规范、激励、评价等作用。在很多情况下，要想进行有效的教学，就需要教师了解和掌握教学目标。教师的教学执行水平越好，在教学过程中就会将教学目标更加密切地联系起来，这

样就可以降低教学中的随意性和盲目性，从而提升教学的针对性、方向性和有效性。传统的教学以指导学生获得知识为目的，以"容器"的形式进行知识的输入。而在现代化的教学中，学生被看作一个积极主动的人，教学的目的就是要将个人的发展放在一个方向上，在教学的方向上，它不仅注重对必要基础知识和基础技能的教授，还注重对学生自身发展的能力进行培养。在促进学生技能发展的同时，也要培育学生崇高的人格；在提高学生整体素质的同时，也要注重发展他们的个性。

　　2. 精选化、整合化教学内容

　　课程内容的正确性是确保课程实施效果的先决条件，也是影响课程实施效果的重要因素。在进行教学的过程中，教学内容属于对学生进行培养和发展的媒体，它是贯彻教学目标的载体。新课程标准对教师提出"要以学生的具体情况为依据，对教材进行再加工，有创造地对教学过程进行设计"，在进行教学设计的时候，要对传统教学中让学生被动接受单一、机械的知识的方式进行转变，要为学生提供整合的、有利于学生自主合作探究的学习内容。

　　在对教学内容进行选择与整合的过程中，要做到：①对教材进行仔细研究，这是对教学内容进行选择与整合的基础与前提。新教材是课程改革理念在文字上的反映，也是课程改革的载体，因此，每位教师都要对它进行仔细的研读、感悟、理解，了解它的本质精神和编制目的，掌握它所包含的基础知识，对其中所包含的生物观念进行剖析，感受其中所包含的教育理念，再进一步了解新课程改革的理念，并将其运用到实践当中，这样，就可以使课堂上的实验教学变得更加高效。②选择和整合高效的教学内容，用好、用活、用实教材。教科书在课堂上是一种很好的教育资源，但是教材内容与教学内容并不完全一致。新教材在不死板地遵循教材内容的前提下，注重从教材出发，注重对教材的科学化利用和"再度开发"，注重把教材用好、用活和用实。用好，要以学生的具体情况为依据，综合他们的知识基础，或者是以教学的需求为依据，对教材展开修正或补充，将复杂的内容变得简单，以易驭难，让它更好地为教学提供帮助。用活，主要表现为解放思想，勇于创新，勇于"再加工"，并视实际情况而定。用实，就是要让教科书更符合当地的教育现状，更符合学生的需要，从而提升课堂的效果。③对现有的生物课程进行有效的整合，为学生提供更多的学习素材。从"课程资源"的角度来看，"高效的教学"不仅包含对教科书的"再度开发"，还包含对"多媒体""网络资源""社区资源"等方面的开发与使用。在进行"细胞的失水和吸水"实验的时候，笔者不仅为学生准备了土豆，还为学生准备了白菜、香菜、心里美萝卜等各种食材，还有各种浓度的盐水和糖水等。让学生可以自由选择材料，自己设计探究实验，之后再对实验结果进行交流，并选出最好的实验设计方法，这样就可以充分激发学生的学习热情。通过实验、比较、评选，发现将大头菜和香菜浸泡于高浓度的盐水和糖水中，可以使其细胞迅速脱水，且效果显著，所需的时间最少；将心里美萝卜放入等量的生理盐水与糖水中，会使其颜色变深，呈现出紫红之色，其作用最为显著，但所需的时间稍久一些，所以可以在课前提前做好，并在课堂上展示。

（二）有效的课堂管理

课堂管理是教师最为关注的一个方面，也是提高学生学习成效的一个关键环节。课堂管理就是教师对教学活动中的人与事、时间与空间等多种要素以及它们之间的相互关系进行协调，以确保教学活动正常进行。课堂管理与教学活动中的各个环节都有着密切的联系，它贯穿整个教学活动的过程，对教学活动的质量和效率有着很大的影响，与教学目标的实现状况有着很大的联系。一个好的课堂管理可以确保教学活动的正常进行，也可以推动教学活动的发展。假如对课堂管理不够重视，那么教学活动就会因为缺少对课堂的宏观控制，而变得一团糟，进而妨碍教学活动的正常进行，并对教学质量产生一定的影响。课堂管理的功能有两个，一是维持，二是促进。维持功能就是在课堂教学过程中，将一个良好的内部环境持续地保持起来，利用师生之间以及学生之间稳定的配合，让学生能够尽最大的努力实现学习目标。在进行课堂教学的过程中，经常会出现很多新的情境，并产生各种干扰。如果不能快速地对新情境进行调整，并将干扰消除，那么课堂就会出现混乱。所以，课堂管理一定要对教学的需求进行调整，要能预见和消除会对课堂教学的正常开展造成不利影响的多种因素，要能持续地对不同的新情境做出调整，并维持教学的稳定。促进功能，就是在进行教学的时候，要创造出一个对课堂教学具有促进效果的学习环境，创造出一个好的学习氛围，让学生在课堂上得到满足，让其能充分发挥自己的潜能，从而更好地实现教学目标。

要使课堂管理起到维持和促进的作用，教师与学生就必须严格遵循课堂纪律。课堂纪律是教师和学生为了确保教学的正常运转而必须遵循的一种最根本的规范，它是教师和学生共同努力的结果。它的内容非常丰富，基本上覆盖整个课堂教学的各个层面，它给课堂行为带来某种含义，具有规范、约束和指导课堂教学的作用，让教师和学生能够明确课堂行为所依据的价值准则，明白自己应该做什么，不该做什么。教师和学生都要坚持遵循课堂纪律，这样可以维持一个好的课堂秩序，构建一个好的课堂内部环境，从而减少对时间的浪费，提升课堂的管理水平和教学效率。对于学生而言，当课堂规章制度得到认可之后，它将逐步成为学生的自觉行为，唤醒学生内心的自律需求，促使学生养成自律和自觉的良好习惯。

其次，要保证教学的流畅性。所谓流畅，就是要保证讲授内容的连贯性，不能拖泥带水，不能被打断。教师进行顺畅的授课，可以避免学生的注意力被转移。假如，教师在授课的时候，突然停顿，学生很容易因此分散注意力，从而导致注意力无法集中，产生不良行为。

最后，要加强对学生的自律教育。在新课改的要求下，课堂管理在教育、教学、科研等方面，应该逐渐由"约束"和"维护"转变为"引导"和"激励"，由"顺从"转变为"参与"。对学生进行课堂管理的指导，可以加强学生的主体性和参与性，从而有效地提升课堂管理的效果。怎样才能使学生自主地管理他们的课堂行为？丹博教授认为：①在制定课堂规章制度时，应充分调动学生的积极性；②用更多的时间让学生思考为什么要做这些规定，不良行为产生的后果是什么；③让学生有时间思考如何计划、监视和规范他们的行为。

第五章　初中生物教学中信息技术的应用研究

第一节　信息技术与初中生物教学的深度融合

伴随着信息技术的飞速发展，人们已经进入一个真正意义上的"信息化时代"。从课程改革的角度来看，新一轮的课程改革需要教师更新教学观念，以实现培养和提高学生的生物学核心素养的目标。然而，从目前的实际情况来看，这种模式还不能完全满足新一轮课改的要求。正是在这种情况下，一种新型的课堂教学方式应运而生。将信息技术与中学生物教学相结合，可以激发学生的学习兴趣，增强学生的思维，拓展学生的学习途径，为学生未来的全面发展打下良好的基础。在中学生物教学中，将信息技术与中学生物教学相结合，为中学生物教学带来新的生机。在进行综合教学的时候，教师要按照中学生物课堂的规律，对初中生物的特点进行准确的把握，并且要与他们的教学需求相联系，寻找恰当的集成点，选择恰当的教材，采用恰当的教学方法，将信息技术融入中学生物课堂之中。

一、信息技术与初中生物课堂融合的优势

当今，信息技术已经是人类社会发展的一个重要组成部分。在中学生物教学过程中，利用计算机辅助教学，可以有效地提高教学质量。

（一）提高学生的学习热情

在信息技术还没有完全普及之前，中学生物的教学主要是依靠教师、教材来完成的。换句话说，知识的传递以讲—听为主，学生要将所听的内容牢牢地记下来，再将所记下的内容转化为自己的头脑可以理解的内容，要经历很多的环节，在转化的过程中，由于每个学生的记忆力各不相同，会造成大量的信息

丢失，因此，可以存储在大脑中的信息是十分有限的。并且，在学习的时候，还需要全神贯注，否则，就会漏掉不少知识。从目前教学的情况来看，最突出的问题是，学生的积极性不高，大部分学生对"听课"这一教学模式抱有疑虑，期望有一种直观生动的教学模式。在信息技术的背景下，教师可以使用多媒体进行授课，借助图像、动画、视频、声音、文字等多种形式，让学生能够将知识从视觉传输到大脑中，让它们变得更加形象生动，并与听觉相结合，最终构建出一种立体化的课堂教学氛围。这样的课堂教学方式，让学习内容不再只是一成不变的文字，更多了一种有温度、有情感、有动态的方式，视听结合的碰撞，将抽象的知识变得具体起来，可以让学生更好地理解和掌握。

（二）辅助学生掌握课堂知识

中学生物是一门与人们生活息息相关的课程，它所涉及的知识和技能的抽象也成为限制学生发展的一个重要因素。特别是涉及微观层面的知识，完全没有实践的基础，只能依靠自己的想象，这就更加难以掌握。此外，由于信息技术还没有充分地融入生物学的教学过程中，学生的思维只会跟着教师的思路走，没有充足的时间来进行思考和探索，所以，学生对初中生物的理解也只是停留在表面。但是，在信息技术的环境下，可以通过一些形象逼真的影像来帮助教师进行讲解，还可以将课堂上的主动权完全地还给学生，让他们自己来讲解，这种方式不仅能够提高学生的主动性，还能够培养学生的发散性思维，从而提升他们的科学素质和探究精神。将微课、网络交流平台等与中学生物课堂相结合，可以让学生体会到在中学生物课堂上学习的乐趣，并对其进行有效的学习。

（三）拓宽学生的知识范畴

在中学生物教学过程中，将信息化技术引入其中，为学生提供丰富的知识，使得学生的知识来源不再限于教师和教材。在互联网上，师生双方都能获取到更多的相关教学资料，并在课堂上展开互动与交流，营造出一种师生平等、开放的课堂氛围，这不仅能反映出学生在课堂中的主体地位，也能将教与学相辅相成、相互促进的思想落实到位。在中学生物学科的发展过程中，要充分利用现代教育技术提高学生的综合素质。当学生遇到一些不明白的问题时，可以利用网络上的平台或学习软件来进行查询、检索和提问，从而得到答案。这样，既能使学生对所学内容有较好的把握，又能使学生对所学内容有较深入的了解。此外，教师和学生还可以利用社会网络进行交流，从而打破时间和空间的限制。

（四）提升课堂质量和课堂效率

生物学是一门很有特色的学科，其知识的构成十分复杂，其所涉及的知识内容也十分抽象。特别是进入初中之后，中学生物中所含有的图像结构，会使学生在学习时有一种难以适应的感觉，从而引起学生的厌倦和恐惧。在中学生物课堂上，内外两个方面的因素都会对其进行有效的教学。在教学活动中，教学技巧、教学模式、技术运用效果等是师生互动的内部要素。所以，在新课程改革的背景下，要想提高中学生物课堂的质量与效果，就需要教师把握好自己的教学目标，并利用好各种辅助手段。将信息技术引入中学生物的课堂中，将知识以图片、文字和声音等多维度的形式呈现，使其变得更加生动，具有一定的趣味性和多样性。利用 Flash 动画的展现，利用直观的图像来突出知识，构建出一个明确的框架，让学生在视觉和听觉上都能得到一种感官上的刺激，进而增强他们的认知和理解能力，让他们能够将课堂教学深入到他们的大脑中，从而使课堂教学质量和效率得到极大的提升。

（五）增强学生体验感

在中学生物的教学实践中，通过对多媒体技术的应用，可以提高学生对多媒体技术的掌握程度。对于初中阶段的学生来说，他们对生活和大自然都是非常好奇的，枯燥的教科书会使他们失去对学习的兴趣，从而会对他们的学习积极性造成负面的影响。但是，在课堂上，教师可以通过使用多媒体来对知识进行讲解，将生物知识以三维形式呈现在学生面前，这对提升学生的视觉感受是非常有益的，通过更多的观察和交互的体验，可以让学生更快地进入到课堂中，从而提升他们的学习积极性。同时，在完成这堂课的教学后，教师也可以引导学生运用信息技术，扩充所学内容，从而使学生的知识体系更完善。

二、信息技术与初中生物课堂融合过程中存在的问题

（一）过度使用信息技术，缺乏实操，忽略了学生的主体地位

目前，在我国中学生物教育信息化进程中，仍有部分教师对已确定的课程内容、顺序，采用"放电影"的方式进行教学。在这种模式下，学生往往处于一种消极的状态，难以记忆，难以理解。"一指到底"的鼠标教学，忽略了

传统教学中板书教学的优势，缺少师生互动和生生互动。随着计算机技术的飞速发展，利用计算机的计算能力，可以完成近乎真实的中学生物实验，从而避免烦琐的实验过程。因为利用电脑进行计算仿真的方法十分简便，所以很多教师宁愿利用电脑来进行实验，而不愿亲自动手。生物学是一门实验性很强的学科，它既强调理论知识，又强调实际操作。因此，通过在课堂上开展实验，既可以让学生对中学生物产生兴趣，加深对知识的理解，又可以让学生的实践操作和动手能力得到提升。而这一切都只能在实践中获得，单凭多媒体教学是达不到的，这与以实践为主导的实验教学理念相悖，即只关注计算机仿真实验，忽略实验在课堂中的实用价值。在计算机辅助下，中学生物在"纸上谈兵"的情况下，"纸上"变为"屏幕上"，学生的动手能力变为"录像"，忽视学生的主观能动性，从而影响学生的探究与实践。

（二）过分表象化，教学信息革新进度缓慢

中学生物在信息化条件下，激发了学生的热情，营造了生动活泼的课堂氛围，提高了课堂的容量。然而，在一些中学生物课堂上，却出现了对网络资源和教材知识进行复制的情况，例如，将传统的板书内容转换为多媒体，尽管板书可以被重复使用，但如果只是简单地照搬，并不符合学生的教学需求，也不能充分体现学生的个性差异。与此同时，一些课程中的内容更新速度也很慢，不能跟上当前生物科技发展的步伐，也没有开拓学生的视野，这样一种浅显的教学方法，因为受到多个感觉器官的刺激，所以很可能导致学生的注意力被分散。

（三）注重课件制作，缺乏课堂教学设计

在信息化环境下，一些中学生物教师在初步的研究与实践中，会花费很多的精力去制作一些有价值的资料，制作一些幻灯片，从而影响教师的工作效率。然而，由于网络上的资源十分丰富，若不进行仔细的选择，一味地死记硬背，那么，就会使课程设计显得更为紧张，而且，学习的重点和难点也会变得更为复杂，这就会对学生的学习造成很大的负担，同时也会制约他们的思维时间，不利于他们思维能力的提升。通过对中学生物教研大赛进行分析，发现参赛选手普遍年轻，基本采用了多媒体技术，但参赛作品多以课件为主，缺少有效的课堂教学方案。很明显，教师更关注于课件的创作而非课堂教学的互动。有的教师认为，备课就是将自己所学的内容与网络上的资料相融合，从而使课件更符合自己的教学实际。但是，在课堂上要实行差别教育，要根据不同的情

况进行不同的教学，使每个学生的学习能力都得到最大程度的提高。在中学生物学科建设过程中，要把信息技术和生物学科有机地结合起来。因此，重视课堂教学的设计是实现中学生物与信息技术有效结合的基本保证。

三、信息技术与初中生物学课堂融合的策略探讨

顾明远曾说："技术无法改变教育的性质，但技术可以影响整个教学的方法、结构、对问题的剖析和解决。"如何科学合理地将信息技术应用于中学生物教学，从而寻找一条行之有效的途径，已成为当今中学生物教学面临的一个重要课题。

（一）合理运用信息技术，注重实验教学，发挥学生的主体性

将信息技术与中学生物教学相结合，能够丰富教学方式，解决教学难题，所有的这些都是为了提高教学质量，为学生的学习需求服务的，所以要适当合理地使用信息技术。中学生物学是一门探究性较强的学科，需要在教学过程中让学生进行各种探究性实验。但是，在实际操作中，由于受实验场所、仪器等条件的制约，大部分的中学都没有这个条件。此外，有些实验十分繁复，需要不断地重复、不断地观测，而在传统的课堂上，又受到中学生物课时的制约，很难进行。所以，在具体的实验教学中，教师往往采取口头讲解的方式，让学生根据所学的内容去发挥自己的想象力，这样就不能很好地提高他们的探究能力和动手能力。在中学生物课堂教学中，将信息技术进行灵活的整合，利用多媒体对实验进行直观的展示，对实验要求进行详细的阐述，并对实验操作进行规范，这对学生的科学学习态度和理性思维能力产生了积极的影响。通过构建初中生物课堂信息技术，对突出学生的主体性起到了积极作用，让学生的自主选择和主动性得到提高，还可以促进学生和教师、学生和学生之间的交流，教师可以以学生的具体情况为依据，对其进行评估，进而实现共享教学资源、增进师生关系的目的。

举个例子，在讲解初中生物七年级上册第三单元第二章"被子植物的一生"时，其中包括"种子的萌芽""植株的生长""开花和结果"三节课，要用两个星期的时间来完成，而且课程的实施难度较大，不利于在课堂上进行展示。在这种情况下，教师可以利用网络上所搜集到的实验录像，利用多媒体的手段，把整个实验的过程用视频和动画的形式展现在大家面前，让学生在实验

中的感受和印象得到加强，这样才能确保实验教学能够顺利有序地进行下去。该实验的优点在于可以重复进行，并且可以将实验中的每一个细节都进行录制，并让学生在课上进行复习，使学生对实验有一个直观的认识，教师能够引导学生对实验的整个过程和实际操作加以掌握，以最大限度地提高实验教学效果。同时，教师也可以根据学校的实际条件，引导学生进行植物培养，充分调动他们的主观能动性，让他们可以清晰地了解到种子的结构，并利用视频和教科书，全面了解植物从萌芽、开花到结果的整个过程。在教学方面，将信息技术应用于实践，重视对实验的指导，能够让学生有更多的时间进行思考和探究，进而激发他们的实验积极性，提升他们的学习效果。

（二）注重革新教学信息，避免表象化

教材的出版需要经过编写、试用、修改、审定等过程，由于生物学科发展变化很快，因此，中学生物教材的教育资料存在着一定程度的滞后性，这对学生创新能力的培养造成很大的不利影响。随着信息技术的快速发展，通过网络资源，教师可以把最先进的科技运用到教学中，让学生对所学内容有一个全面的认识。通过丰富的边缘学科，学生可以了解到每一个生活领域都是与生物学科紧密联系在一起的。在教师进行授课的时候，可以利用当前的网络学习工具，去寻找与课程内容相关的其他生物知识。这样可以更好地将所学过的中学生物知识进行强化，从而提升学生对中学生物的了解和兴趣，并激发学生的求知欲。在此基础上，进一步增强了学生对信息技术的应用。所以，在合适的时期，教师要指导学生利用网络技术，合理地将信息技术与课程内容相融合，不要只停留在表面。教师讲解、板书等传统的课堂教学方式仍有其独特的作用与价值。在中学生物教学过程中，教师要对中学生物的传统教学方式给予充分的认可，并对教学信息进行实时的更新，以对中学生物教学的展示、呈现和引导提供有力的支撑，让学生能够利用信息技术对知识进行有效的搜索，以最大程度的调动学生的学习积极性。

举个例子，在讲解初中生物八年级上册第五单元第四章第五节"人类对细菌和真菌的利用"时，教师可以通过多媒体的方式，让学生认识到当前生物医药界最流行的一个课题，那就是"细菌靶向疗法"，然后让学生去思考为什么要选这种细菌。在初中生物八年级下册第七单元第二章第五节"生物的变异"的教学过程中，教师可以借助信息技术，让学生了解杂交水稻的发展过程和最近的科研成果，并在网络上查找近年来我们国家在运用基因多样性进行育种方面取得的成就，并运用多媒体技术，将这些成就生动形象地呈现在课

堂里，让学生对科学研究的过程有一个直观的认识。

（三）优化课堂设计，实现资源共享，共同突破教学重难点

通过信息技术和初中生物的相互结合，能够使教师对与课程内容相关的优质资料进行广泛收集和整合，能够对课堂设计进行优化，从而形成综合性、拓展性的课程教学资源。在信息技术飞速发展的今天，教师能够按照新课程标准的要求，通过学习软件，或是通过网络聊天的形式，将自己所掌握的关于预习和复习的课程内容与学生进行分享，从而使学生的学习不再受教室和教科书的限制。另外，在学生对生物的了解程度较高的情况下，教师还可以通过小组合作的形式进行收集，比如整理网络资源、拍摄生活场景等。大部分学生所接触到的中学生物知识都较为抽象，然而，初中生尚不具备将这些抽象的知识转换成具体知识的能力。所以，教师要充分利用现代的信息技术和学习平台，选取一些生动、形象的生物案例，以降低课堂上教学内容的理解难度。中学生物的每一节课都有其自身的特点，在课堂上，教师应注重对其进行剖析，帮助学生突破瓶颈。在过去，教师主要是使用多媒体技术，让学生通过视觉上的方式进行观察和分析，这种方式尽管可以取得不错的效果，但是为了让学生能够更加深入地了解初中生物，实现学以致用，教师必须借助信息技术的学习平台，拓宽学生的思路，指导学生开展科研工作，充分挖掘学生的潜能，促进他们充分发挥主观能动性。在传统的教学中，教师总是要让学生一个一个地把他们所遇到的问题提出来，这种做法会浪费大量的教学时间。但是，在这个信息化的时代，学生可以在课后把自己的问题向教师提出，教师可以对学生的问题进行分析、总结，并把他们的问题列出来，再在上课的时候对他们进行详细的解释。由于每一位学生都拥有自己独特的思考形式和学习能力，因此要促进他们之间相互学习、相互鼓励，达到资源共享的目的，从而让他们一起突破在教学过程中遇到的重点和难点问题。

例如，在教学初中生物七年级上册第二单元第二章第一节"细胞通过分裂产生新细胞"时，教师在讲到细胞分裂的时候，就要做好充分的准备，要对教学内容进行调整，把细胞分裂分为三个过程，即细胞核分裂、细胞质分离、新细胞膜的生成，每一步都需要明确具体的操作流程，并依据具体的操作步骤在课堂上进行有效的解释。在上课之前，教师可以利用多媒体播放有关细胞分裂的短片，让学生对细胞分裂有一个基本的认识，之后再针对影片的内容提出适当的问题，让学生再次进入到教师的课堂中。在课堂结束后，要加强学生的基础知识，拓宽他们的思维范围，给他们布置任务，让他们在网上查阅资

料，相互交流，合作解决问题。这样的学习方式可以让学生在有目的性的情况下，更好地培养出合作精神，从而提高教师的授课效率。

（四）科学利用信息技术创设教学情境

在中学生物课堂上，利用多媒体技术来营造教学情境，营造课堂氛围，是其最直接的表现。在传统的课堂教学过程中，教师也会进行课堂教学情境的设置，但是，在课堂上，教师的言语表达和黑板上的板书依然不能很好地让学生对学习产生浓厚的兴趣，这对学生更好地融入课堂之中、对学习内容的理解和掌握都产生了不利影响。利用多媒体技术，将原本已经固化的理论知识以视频、音频等动态的形式展现出来，这对促进学生的视觉和听觉都有好处，可以让他们的好奇心得到满足，从而提高他们的学习兴趣。教师可以将课堂上的知识点融入视频和动画中，用多种方法将其展示给学生，尤其是对于一些高深难懂、抽象的知识点。通过采用不同的讲解方式，使学生较容易地了解、掌握知识，从而取得较好的教学效果。利用动漫和视频的方式，将原本抽象、无法理解的知识，变得更加具体、更加生动，能够让学生更好地掌握知识点，拓展他们的思路，从而提升教学质量。

例如，在教学初中生物七年级下册第四单元第四章第三节"输送血液的泵——心脏"时，以往的课程仅以书本上的平面图来演示，难以让学生了解和记忆。在信息技术的背景下，教师能够使用计算机技术，来向学生展示人体形象。在讲解的过程中，教师要指导学生，根据教学要求，进行 3D 立体图形的旋转。同时，对重点、难点的知识，要与语言说明相结合，才能更好地让学生理解。再由教师向学生讲解心脏的构造和生理机能，以取得较好的教学效果。在对心脏的血液循环进行介绍的过程中，运用多媒体的声音、图片和动画等，对心房、心肌、心室的运动规律进行演示，把抽象的概念变为一种直观的表达方式，从而使学习过程更加轻松、高效。

将信息技术与中学生物教学相结合，可以为中学生物教学提供一种全新的教学体验。在中学生物课程改革的过程中，教师应充分发挥其自身的优势，培养学生的核心素养。技术和教学相结合，可以增加学生在课堂上的参与性，从而提高学生对课程内容的掌握和学习积极性。教师要明白，信息技术仅仅是一种辅助手段，在使用的时候，要遵循适度、适时的原则，要重视学生在课堂中的情感体验，从而最大限度地发挥信息技术的作用。在平常的中学生物课堂中，教师要以课程内容和学生的不同特点为基础，对教学方式和方法进行持续的优化，设计出丰富多彩的课堂活动，从而促进中学生物课堂获得更好的教学效果。

第二节　信息技术创新初中生物教学准备

　　要想对目前课堂教学质量整体较差的现状进行有效的改变，中学生物教师应该在课堂教学的同时，加强对现代信息技术的研究和应用，利用信息化的技术，让生物教学变得更加多样化、更加有趣和更加综合化，这样才能让学生在得到更好的学习体验的同时，使他们的学习成果得到长效优化。

一、利用现代信息技术丰富知识表现形式

（一）借助直观形式优化学生的知识学习体验

　　初中生的身心发育还没有完全成熟，他们对于知识的了解和吸收仍然主要依赖于感觉途径，对于那些抽象的、理论性很强的知识，他们难以"吃透摸准"。根据这一客观现实，在对某些较为抽象的知识概念进行讲解的时候，可以充分发挥信息技术在信息表现上所具备的直观化、形象化、动态化等特点，通过图片、音频、视频等更具感官效应的形式来展示知识，缩短课程知识从教科书进入学生大脑的时间，减少学生在学习中的智力和能量的消耗，从而在激发学生兴趣的同时，还能提升教学的效率。

　　比如，在讲解"细胞的基本结构和功能"的时候，教师可以利用网络资源制作课件，也可以从网上下载一些已有的视频，将细胞的每一个部分都以拟人的方式呈现在荧幕上，通过这些角色的自我介绍，并进行"比贡献"与"找邻居"的故事讲解，让学生对细胞的基本构造与各部位的作用有一个直观的印象。

（二）借助动态化形式丰富学生的知识认知过程

　　一些生物技术的运用，是需要进行某种抽象的思维演绎的，而这种"看得见、摸得着"的方式很难将其表达出来，一般情况下，这种方式都是依赖于学生的主观想象力来实现的。但是，由于初中生的抽象性思维并不强大，他们经常会在这一点上犯下错误，教师在这一点上也难以做到及时纠正，从而造成某些学习上的问题。为了克服这一困难，中学生物教师可以利用信息技术，将原来抽象静态的生物技能以动态的方式呈现在电子屏幕上，让学生可以直接

感受到这些技能的运用和各个生物元素的变化，进而让学生更加清晰地了解生物技能的概念。

例如，在"生物的进化"这一节中，教师可以通过动态的录像、VR 投影等手段，向学生展示生物从出生到发展到现在的进化过程，并提供它们各个进化阶段的图片，还可以通过人工智能软件，让它们"活"起来，从直观的角度，让学生了解到生物进化的整体规律及其与周围的变化之间的联系。

二、利用现代信息技术构建知识体系框架

（一）利用思维导图完善知识网络构建

中学生物的课程，随着学段的升高，越来越丰富，而且知识点之间的关联也越来越复杂，低级阶段那种以"点"为主的学习方法，已经难以起到应有的效果，这也是为何上了八年级之后，许多学生的生物学习成绩都有所下降。对于该问题，中学生物教师可以利用信息化设备，为学生建立一幅思维导图，将已学习过的知识通过知识点间的应用联系和逻辑关系串联起来，组成一条完整的知识链条，并通过一些经典例子将不同的链条横向连接起来，组成一张知识网，使学生对各个知识模块有一个较为清晰的认识，以便其在解题时更为自如地运用。

（二）利用虚拟场景优化知识应用框架

"学以致用"是这门课学习的根本宗旨，也是这门课学习的终极目标，更是使学生达到高效、深入地掌握知识的最佳途径。在组织学生对已有的学习成果进行运用时，中学生物教师可以利用网络资源和成像软件，向学生展现出各种不同的知识与技能应用场景，让学生在这些情境的帮助下，进行学习成果的运用，从而让他们可以对自己的学习记忆与方法理解有更深层次的了解，并以此为素材，丰富学生的知识应用框架。在此基础上，教师也可以加入一些学生更喜欢的、有趣的因素，让情境的创设更具趣味性和感染力。

三、利用现代信息技术完善学情信息的收集和利用

（一）提高学情信息的整合效率

尽管现在的初中生还没有经历一个真正意义上的身心发育高峰期，但因为

各种天生因素和后天条件的共同作用，所以每一个初中生在知识基础、学习能力、思维习惯和兴趣爱好等方面都有着非常大的个体差异，而且这些差异很难用人为的方法来彻底地消除。中学生物教师要认识并接受这一现实，在开展课堂教学前，要对每一个学生的学情信息展开充分的调查和收集，然后在此基础上，建立起学情档案。通过这项工作，中学生物教师就可以利用扫描仪和大数据分析软件，来提升自己的教学效率，并利用"云"技术，来永久地保存和实时地分享自己的教学成果。与此相同的是，在对后续信息进行补充和调整的时候，中学生物教师也可以进行网上或远程操作，这将极大地扩展学情信息的功能和获取维度，其工作的开展也更能符合学生的个性要求和需要。

比如，教师可以将每个学生过去一个月或者一个学期的作业进行汇总，通过扫描软件或设备将其作答情况输入到电脑中，再通过数据分析软件，根据不同的难度、题型和考查方向进行划分，最后通过大数据 AI 判断出每个学生在知识方面的得分和短板，从而了解他们的弱项，并由此推测出他们的生物学科解题思路。

（二）提高分层练习的执行效率

在做好上述工作后，教师可以根据每位学生的性格和学习情况，来设计和实施更具针对性的教学策略。在以往的工作中，教师要想组织一次考试，通常都要自己来选择题目，在此过程中，尽管可以使用现有的网上题库，但是这也是一件非常耗时的事情；在现代信息技术的帮助下，教师能够通过互联网题库和已有的电子学情档案，并在大数据软件和自动组题系统的帮助下，先将题库内容按照题型、难度和考查维度等标准进行子库划分，然后将其与每个学生的总体学习情况相匹配，最后可一键产生相应的练习题库，进而极大地提高分层练习率。

例如，对于学习成绩优异、表现优异的学生，教师可以在出题系统中调整"考查维度"与"难度"的数值，将试题系统中的例子设置为综合考查与实际运用相结合。而对于那些"底子"不好的学生，教师可以增加网上题库中基础题的数量，增加单项考查题目和复述型题目的试题比重，从而降低考查难度。

四、利用现代信息技术拓展课外学习渠道

"多学多练出好结果"已成为许多中学生物教师的共同看法，但一个难以

解决的问题是，怎样才能为学生提供更好的运用知识和技能的平台。在现代信息技术的支持下，教师能够以大量的互联网资源和快捷的在线通信，以低成本、大容量、多形式的方式，为学生开拓更多的学习途径，充分利用课堂以外的丰富资源，为他们提供一个应用已有成果解决问题、完成任务的平台，并使他们能够获得更多更详尽的知识，并在许多专家的指导下，使他们能够更好地提高自己的生物综合素质，从而极大地推动生物课堂教学质量的提高。

五、利用现代信息技术优化家校合作

任何教育成果的取得都离不开教师和家长的共同努力与默契配合，这是一个永恒的真理。以这一认知为基础，教师要在对课堂教学进行持续改进的过程中，以信息技术为基础，构建出与学生家长之间更为便利、立体、多元的沟通渠道体系。一方面，可以随时就学生在校、居家期间的生物学习情况、表现进行沟通；另一方面，可以向学生分享一些有关居家生物学习和指导的资料、案例，为他们的父母提供进行居家辅导的必要条件。中学生物教师在开展此项工作时，应遵循"适度原则"，避免过度地将任务交给学生的父母，从而干扰教学的正常进程和教学成效。

比如，教师可以用手机或摄像机将自己讲解的重点和易考内容全部录制下来，然后编辑为一个小视频，并将其上传到家校群或者班级的"云"空间中，这样就可以让家长随时掌握学生的学习情况和所需的辅导方法。

在此基础上，中学生物教师应充分利用信息化手段，不断地加强自身素质的培养，不断地挖掘和吸收网上的各种学习资源，不断地增强自身的职业素质，不断地增强和巩固最优课程教学的"能量源"。

生物并不是一门枯燥无味的学科，而是一门充满意义与快乐的学科。中学生物教师应该深刻地意识到这个问题，在课堂上更多地运用现代化的信息技术，通过丰富知识表达方式、构建知识体系框架、完善学情资料收集与利用、拓宽课外学习途径，加强家校协作，使生物课堂借着信息化的"东风"，让学生的生物学习体验得到最大程度的提高，使学生能够更好地学习生物，更好地运用生物，从而喜欢上生物，进而为未来生物综合素质的提高奠定良好的基础。

第三节　信息技术优化初中生物教学的实施

一、利用信息技术，调动学生兴趣

研究结果表明，在课堂教学中，教师对教学具有重要的指导意义。对于学生而言，中学生物的知识比较抽象，他们对这一学科的基础学习缺乏兴趣，如果他们继续保持这样一种没有兴趣的状态，那么他们在生物学上的学习肯定会变得效率低下，甚至没有效果。因此，教师在开展初中生物课程的教学时，要充分运用信息技术，开展教学活动，要以学生为主体，指导他们转变学习方式。在进行教学设计时，教师要变得更具有灵活性，要充分发挥信息技术的多种功能特征，从而达到对学生兴趣的有效激发，确保学生对生物知识的长期记忆，在有效学习知识的前提下，最终实现对知识的掌握。

比如，在"人的消化与吸收"一节的教学中，为了让学生对食物在人体内的消化与吸收过程有更深刻的理解，教师可以制作关于食物消化的 Flash 动画，来模拟食物在人体内的消化吸收过程。首先，在内容开始时，教师告诉学生：我们天天都要吃饭，我们把食物通过身体的消化和吸收转化为可以让我们更好地学习的能量。那有没有人能给我们讲讲，我们把东西吃下去以后，它们会怎么"活动"呢？我们吃下去的东西和排出的粪便有什么区别？在教师的带领下，学生热烈地讨论起来。随后，教师使用 Flash 动画，向学生直观地展示食物的消化过程。以食物在口腔中的分解为切入点，引入课程，并让学生了解到，人在进行咀嚼活动的时候，会在口腔中分泌大量的唾液，食物会在牙齿和舌头的帮助下，再将被初次分解的食物从口腔移到胃部，经过胃的消化吸收，这些食物会自动地被转移到肠道，最终变成粪便排泄出来。这样，就可以让学生在 Flash 动画的展示中，对这一知识点有一个初步的认识。接着，按照课本的要求，教师把这个阶段的内容和过程做一个分层的说明，以帮助学生更好地掌握这个阶段的知识。借助信息技术，通过对食物在体内的消化和吸收情况的形象化展示，让学生对食物的整个消化和吸收情况有一个比较清楚的了解。把信息技术运用到生物教学的课堂活动当中，与常规的知识讲解相比，它更具实效性，也更能调动学生的学习热情，从而有效地提升中学生物的整体教学质量。

二、利用信息技术，整合教学内容

伴随着信息技术的普及与发展，在进行教学的时候，教师可以通过信息技术的方式，对教材内容进行整合，将生物知识中的难点问题进行分解，降低对抽象知识的学习难度，让学生在信息技术的辅助下，更好地了解生物知识，进而取得事半功倍的教学效果。

比如，在讲解"神奇的微生物"这一节的时候，因为只有在显微镜下才能看到微生物的结构，所以对于微生物这一节相对于植物和动物更具体的知识，学生掌握起来会有一定的难度。教师可以从网上收集一些形象生动的照片和动画教学材料，并将收集到的材料嵌入教学课件中，以此来缓解学生的烦恼。首先，在教学过程中，教师会将事先制作好的课件展示出来，使学生可以从微观的图像中得到更加直观的认识，从而可以有效地防止"纸上谈兵"所造成的不全面的认识和对微观的印象。接着，依据微生物的图片，对其进行精练的阐述，使其结构特征充分展现在学生眼前。在此基础上，以显微镜下观察到的微生物的演变为基础，使学生能够更好地掌握这一节的内容。利用信息技术，教师可以对课本上的内容进行综合和整理，这样既可以让学生更好地了解生物知识，又可以让他们在一种轻松、愉悦的气氛下进行学习，在与信息技术的高效结合下，提高学生对生物学抽象概念的认识，训练他们的思维和想象能力，从而提高中学生物的教学效果。

三、利用信息技术，展示抽象知识

在新的课标背景下，在中学生物教育的新环境下，教师在把信息技术应用到中学生物教育的过程中，更要注意以教材为基础对学生进行全面的教育，根据生物学的相关知识，着重对学生的创造性、观察力和想象力进行训练。在传统的中学生物教学中，教师仅仅是进行语言讲解，并不能保证学生对所学知识的完全理解，而通过与信息技术的融合，教师可以更好地展现出课本中难以理解的内容，从而有助于学生对生物学知识的了解。

比如，在教学"人体和外界环境的气体交换"这一节的时候，一些学生以为呼吸就是由口鼻进行的呼气与吸气的动作，因为对于呼吸这一现象，也只能靠自己的感知来体会，而无法进行有效的观察，因此，在教授这一方面的内容时，教师就可以借助信息技术，将人类呼吸运动的过程展现出来。首先，在这门课的一开始，教师就把人类的呼吸过程以一种非常形象的方式展现在学生的面前，通过对咽、鼻、喉、气管、支气管和肺等器官功能的演示，把人类与周围的空气进行气体交换的过程展现出来，让这个抽象的气体交换的过程变得更加的清晰和直接。通过多媒体技术，可以让学生更好地了解，呼吸并不只是单纯的吸气和呼气，它与身体的很多部位都有着非常紧密的关系。接着，在信息技术的帮助下，教师向学生展示一个有关人体与外部环境气体交换的教学视频，从而突破学生的既定认识，实现对知识的升华和强化。运用信息技术，把抽象的知识变成可视的、具体的表现，既可以深化对生物的认识，又可以让学生对生物学的知识有更深入的了解，还可以提高他们的学科素质，改变他们的观念，为他们更好地学习打下坚实的基础。

四、利用信息技术，开展实践教学

在中学生物课本中，存在着很多抽象的知识，根据学生的发展特点，一些学生仍然存在着一些很难理解，或者是很难掌握的知识盲区。根据中学生物教学中的某些实践活动，可以促进学生更好地理解和记忆知识，因此，中学生物教师要将信息技术融入实践活动中，通过观看视频资料来指导学生开展实践活动，或利用动画模拟示范来进行生物知识的探讨，以保证实践活动的有效性，提升学生的学习质量。

比如，在教学"绿色植物的光合作用"这一节的时候，因为在很短的时间内，学生并不能很好地观察到植物发生的变化，所以，教师在上课之前，就让学生种植了几种植物，并且还使用了信息技术，对各种条件下的植物进行了光合作用的仿真。首先，教师在课堂上向学生详细介绍关于光合作用的内容，当学生对这个内容有了一些认识之后，就可以去看一些关于各种光合作用的仿真录像。学生在观看信息技术模拟的植物光合作用视频的同时，还可以学习到关于植物光合作用的相关知识，并与自己种植的植物进行比较，从而发现植物发生的显著变化，也就是找到植物出现枯死或者生长良好的主要原因，然后去探究关于植物光合作用这部分的知识。通过这种方式，既可以让学生更好地了解到光合作用对植物生长发育产生的正面影响，又可以拓宽他们的知识范围，提高他们的眼界，还可以将他们的探究能力完全激发出来，在很大程度上也能够确保生物课堂的学习效果。

五、利用信息技术，拓展学生认知

教学并不是一成不变的，而是一种带有生成性特点的活动，具体表现为在课堂上的问题生成和课前知识的扩展。有些教师把教学的目标界定为使学生得到更多的知识，却忽略了对学生思维的拓展。信息技术的进步，不但改变了传统的教育理念，而且可以将单一的文字用不同的形式表现出来，不断加深知识，充实课堂，拓展学生的认知。扩大学生的知识范围，提高他们的认识。

比如，在教授"藻类植物、苔藓以及蕨类植物"的时候，教师利用信息技术向学生展示各种各样的植物及其生存环境的照片，让学生对"生物圈"中各种植物的种类有更多的了解，并从中归纳出它们的一些最基础的特性，从而让学生从他们所熟知的植物出发，对比它们在形状上和生存环境上的差异，从而对生物圈中的各种植物以及它们生存环境的特性有一个初步的认识。在学习海藻时，教师通过多媒体教学，向学生播放海藻、水棉等生长环境的相关视频，使学生对海藻有更深入的了解。在此基础上，借助投影设备将海藻的形态呈现在学生面前，让学生对海藻的形态有一个直观的认识。另外，扩大了课堂教学容量，向学生展示了"藻类植物的作用与人类的关系"等材料，让学生对藻类植物有了更加深入的了解，加强了对各类植物的关注和尊重植物生命的情感。由此可以看出，在初中生物课堂中，对信息技术进行全面的应用，既可以给教学活动带来鲜活的生命力，又可以对课本的内容展开高效的扩展，在深化学生对生物知识理解的同时，又可以大大地拓宽他们对生物知识的认知范围，从而可以有效地提升他们的学习效率。

总之，在中学生物课程的教学活动中，将信息技术融合到其中，既是时代发展的必然趋势，也是现代化教育的重要要求。现代教学方法是当前教学变革的一个主要内容，它已占据教学活动的主导地位。要想更好地推动中学生物教育的教学目标，生物教师一定要对信息技术在中学生物教育中的重要性有足够的认识，并运用好现代信息技术，为学生提供一个更为充实的课堂，让学生从各个方面去了解生物知识的基本原理，了解生物知识的生成和发展历程，从而深化他们对生物课程的认知，最终建立起一个较好的生物学认知架构。并通过信息技术在教学课堂中的运用，改进传统教学的缺点，从而让生物教学活动充满生命力，拓宽学生视野，进而促进学生的全面发展。

第四节　信息技术辅助初中生物学习评价

一、教学评价概述

教学是师生互动的过程。教师根据预先设定的教学目标，采用多种方式，逐步推进，期望学生的身体和心理都能跟上课程的进展，从而实现他们的教学目标。为了了解教学成果能否实现期望的目的，就需要对教学成果进行一个客观而准确的评价，所以，教学评价在教学实践活动中起着举足轻重的作用。

（一）教学评价的概念

教学评价是根据教学目标，制定出一套具有科学性的标准，使用各种可行的技术方法，对教学活动的过程和结果进行测量和衡量，并予以价值判断。该定义着重指出三个方面：

（1）确定教师绩效考核的客体为"教学活动过程及其结果"，包含教学活动的全过程。

（2）教学评价应是"基于教学目标"的，即将学生行为产生变化的地方和教学目标所产生的价值标准进行对比。

（3）教学评价的实质是对教学活动的价值评判。这就需要评价的结果能够反映出先前的教学是否顺利。

（二）教学评价的功能

教学评价对提升教学成效有特殊的影响，可以归结为诊断功能、激励功能、调节功能、教学功能和引导功能。

（三）教学评价的类型

教学评价有多种特定的类别，根据其分类的依据，可分为多种类别。

（1）按评价参考标准，可分为相对评价、绝对评价和自我评价。相对评价是从被评价目标中选择一个或多个对象作为参考，通过将各评价目标与参考对象进行对比，来决定被评价目标在其中的相对地位。

绝对评价是将教学评价的基准设立在被评价对象的群体或集合以外，并将群体中每一名成员的某些指标——与该基准相比较，以此来判定其优劣。

自我评价指的不是在被评价群体内部建立一个基准，也不是在群体外部建立一个基准，它是对被评价个体的过去和现在进行对比，或者是对其某些侧面进行对比。

（2）按照评价的作用，可将评价划分为诊断性评价、形成性评价和总结性评价。

诊断性评价又称为教学前评价或前置评价，它是为了确定学习者已有的学习准备程度或教学设计基础而进行的评价活动。

形成性评价是指教师在进行某种教学活动时，对学生进行持续评价，使学生能够更好地完成教学目标，获得更好的教学效果。

总结性评价通常是指在课程完成之后，为了更好地理解课程实施过程中所取得的成果而做出的一种评价。

（3）按评价与分析的方式，可划分为质化评价与量化评价两类。

质化评价就是利用分析与综合、比较与分类、归纳与演绎等多种逻辑学分析手段，对评价结果进行"质"的分析，并在此基础上对评价结果进行思维处理。

量化评价指的是从量的角度，运用统计分析、多元分析等数学方法，对错综复杂的评价数据进行归纳，得出具有规律性的结论。

二、信息技术与课程整合的评价内容及评价指标体系

（一）信息技术与课程整合的评价内容

如何对教学信息化与学科教学进行评估，是促进教学信息化与学科教学高效结合的关键。从具体的整合过程来看，可以将其分为前期和后期两个阶段，这两个阶段都不能离开教学评估。

在整合前期工作中，教师的工作是编写教学设计方案，并对能够帮助教师教和学生学的相关教学资源进行收集，并以此来制作教学课件。所以，在对这个环节进行评估时，应当把重点放在对学生进行的教学设计上，以及对学生所获得的教育资源上。

在此基础上，提出一种新的课程体系结构，并对其进行系统的研究。教师、学生、媒体、资源等各方面因素都在这个过程中进行了充分的交互。所以，这个时期的评估可以从三个方面来进行，即：教学结构的变化、学生的学

习风格与效果、教师的教学风格与效果。

（二）信息技术与课程整合的评价指标体系

为了衡量教学活动能否实现最初的目的，就必须建立一个科学、合理、切实可行的教学活动评估系统。评估系统一般包括三个方面：一是评估元素；二是对某一类对象特性中的每一个构成要素进行衡量的对比标准，也就是评估指数；三是衡量各构成要素在整体中重要性的一种标记，也就是指数加权。

三、信息技术与初中生物学科有效整合的教学评价研究

（一）信息技术与初中生物学科有效整合教学评价的基本价值取向

《基础教育课程改革纲要》旨在促进每个人的全面发展，使每个人都能体验到成功的快乐，都能在自己的学习中获得更多的知识和技能。《义务教育生物学课程标准》明确提出"以全面发展为目标，全面提升学生生物素养"的教学模式。

在新课改的指导下，按照《义务教育生物学课程标准》的评估要求，从"以学生发展为中心"的角度出发，"以学生为中心"，以"提升学生的信息素质和生物学素质"为中心，以"提升学生的创造力和动手能力"为中心，以"促进学生知识、能力、情感态度和价值观三个维度的协调发展"为指导思想，提出"以人为本"的发展理念。

（二）信息技术与初中生物学科有效整合教学评价的基本内容

在对信息技术与初中生物进行有效整合的基础上，在对其进行评估的基础上，将其与新的中学生物课程概念相联系，并对其特点和实施条件进行分析，笔者觉得在进行信息技术与中学生物的有效整合时，应当注意以下六个方面：

1. 评估课程体系的构建

信息化与学科融合的实质和归宿，就是要从"教"为核心转变为"主客合一"的教学结构。所以，在对信息技术与初中生物课程的有效融合进行评估的时候，要对教师、学生、教材、媒体这四个关键因素进行评估，并确定它们在整个教学过程中所扮演的角色以及发挥的功能。

2. 评估教学设计

课程的设计是课堂教学的核心。以信息技术与课程融合为基础的教学设

计，是教师在实施教学过程中的一个重要环节。所以，对教学设计的评估是否具有科学性和合理性，是实现信息技术与初中生物学科融合的一个关键因素。

教学设计的评价可以从教学目标、教学模式、教学流程、学习活动以及教师对学生的评价等多个角度来进行。

3．师生评估

在实施 IT 与课程一体化的过程中，教师是实践者，学生是最大受益者。从信息能力、参与度、学习风格三个角度来进行评估。

其中，信息素养、整合能力和对新课程概念的认识和贯彻是本研究的核心内容。同时，在对教师进行评估时，要注重其对教学理论知识的掌握程度、对新的教学理念的掌握程度。

4．评估课程实施情况

在教学过程中，要注重教师与学生之间的角色关系、教师对教学过程的把握、学生对学习风格的把握以及信息技术在教学过程中的运用等。

5．信息技术的评估

信息技术与课程融合的一个最大特征就是，信息技术可以将其作为一种工具，对其进行干预，并且对其进行评估，主要从信息技术的使用形式和有效性两方面进行评估。

6．评估课堂教学情境

多媒体技术在学科建设中的应用，与传统的学科建设有很大的差别。教学环境是教学的一个重要组成部分，它也是一个可以相对定量地衡量信息化课堂的指标，所以在进行教育教学的时候，要对教学课件、教学资源、教学氛围以及媒介应用的情况等进行评估。

第六章　初中生物教学与思维导图的融合研究

第一节　思维导图在初中生物教学中的重要性

一、概念界定

思维导图也叫心智图、大脑图。东尼巴赞在对人脑潜能与力量进行调查时，根据著名画家达·芬奇的手札中的图画、连线、代码，发现达·芬奇拥有超级大脑的秘诀。[①] 这个发现奠定了思维导图的诞生。19 世纪 60 年代，东尼巴赞发明了思维导图。思维导图采用一种以图片为主的方式，将各个层次的话题之间的联系以一种互相依存、互相关联的层次结构表达，通过将话题的关键字、图片、色彩等信息进行连接，形成一种类似于人类大脑的辐射式结构，这种结构可以让我们的双脑协调工作，将形象思维与逻辑思维有机地融合在一起，从而提升我们的记忆力，得到更多的启发。

思维导图的特征是：

（1）思维导图类似于人脑神经系统的分布，其连通性就如蜘蛛网一般，但与蜘蛛网的区别是，其连通性更强。

（2）注重左右脑的并用，要用生动的图形来表达自己的思想，图形越生动越好，还要有不同的色彩，以符合自己的大脑偏好。

（3）关注人脑中各种不同的语言现象。当然，也不是只有文字。

（4）重视主体思维，并在此基础上继续扩展。

（5）注重个体化。用喜爱的符号、图形、颜色来绘制思维导图。

---

① 陈爱华.“思维导图”在课堂教学中的应用 [J]. 新课程（综合版），2012，133（10）：7 - 9.

二、思维导图应用的重要性

在课堂上运用思维导图的优点是什么？笔者通过多年的实践，归纳出以下几个要点：

（一）增强学生对于生物知识点的理解和联系

大致来说，思维导图就是一张网络，每个网络都是有关系的，当他们看到思维导图的时候，他们就会将这个网络上的知识点连接起来。比如：在七年级生物学第一章第一节中，有学生将生物圈作为导图中心图形，从这个图形发散出生物和非生物两条支线，再从生物的主线上发散出生物特征这条第二级支线，然后从第二级支线上发散出四条三级支线——新陈代谢、生长、繁殖、应激性。通过这种方式，不但可以加深学生对这一部分生物学特性的了解，而且可以将这一部分知识串联起来。

（二）打开学生的思维定式，让学生的思维得到发散

在对思维导图进行理解和创造时，要围绕着中心图表进行充分的联想，换句话说，就是要将与中心图表有关的一切都考虑进去，在此过程中，学生的思维不再局限于某个知识点，也不再局限于某个学科的知识，而是要结合自己所掌握的知识信息以及生活经验进行联想，从而使学生的思维得以扩展。比如：某位学生将传染性疾病的题目与日本731部队联系在一起，然后又将其与一只鸽子联系在一起。从生物学，到历史学，再到文学，很显然，这是一种很好的拓展。

（三）发展学生的个性，让学生互相碰撞出思维的火花

在进行思维导图创造的时候，因为每个学生的思维方式、知识面、生活经验、心理素质都不尽相同，因此，每个学生所创造的思维导图都具有独特性，它们各有特色，展示了每个学生的性格。同时，通过别人的教学指导，自己也能吸收别人的优点。比如：学生将克隆作为主题来创造思维导图，有些学生所画的树枝是积极的、美丽的，而有些学生所画的树枝却是消极的，在他们进行沟通的过程中，就可以相互借鉴，从而更综合、更全面地看待问题。

（四）帮助学生对知识点进行记忆

心理学曾有研究发现，有图片的文字比没有图片的文字更容易被人记住。思维导图将复杂的知识以彩色的图展示，它就像是一个唤醒记忆的锚点，一旦学生对它有了一定的了解，就会记住它。比如，一看到生殖，就会联想到人类的生殖与发育；一想到蚊虫，就会想到，昆虫的发育有两种，一种是不完全变态发育，一种是完全变态发育。一旦学生熟练地掌握这个"锚点"，那么他们的学习效率就会大大提高。

（五）提纲挈领，便于记忆，有效提升学生的学习效率

学生将在初中第一次接触到生物知识，此时他们还不能很好地把握生物知识的学习方式和方法。因此，许多学生在中学生物学习过程中效率低下，这对他们的生物知识学习效果和学习积极性造成一定的影响。运用思维导图可以为生物知识的学习开辟一条行之有效的道路，当学生面对庞杂的生物知识时，通过运用思维导图，可以把生物知识进行整理和总结，使课堂上的知识内容更加"薄"，便于学生记忆。此外，利用思维导图，学生可以将整个课程中的生物知识点进行连接，从而有效地帮助学生构建一个完整的中学生物知识体系。当然，对于初中生来说，在学习初中生物时，运用思维导图的方法有很多，比如在预习、复习中，都可以利用思维导图的优点，来提高预习、复习的效率，提高学习生物的效果。

（六）为学生明确展示教学思路

在中学生物课堂的实际应用过程中，经常会出现由于学生无法跟上教师的教学思维，导致他们无法对教师所讲解的生物知识进行充分的理解的情况，从而导致他们的学习成果并不令人满意。将思维导图运用到中学生物的教学中，可以很好地改变这一状况，教师可以为学生制作课堂内容的思维导图，在思维导图上可以看到课堂内容的重点，也可以看到上课的先后次序。可以说，在一节课中，学生可以事先知道要讲述的内容、时间、重点和难度等。在初中生物课堂上，利用思维导图，学生可以跟随教师的教学思路，事先对教师要讲授的问题进行思考，进而提高他们的学习效率。

（七）有效提升初中生物教学质量

伴随着素质教育改革的不断深入，中学生物教师也在不断进行着教学方法

的革新，不断革新着自己的中学生物教学观念，努力让自己的课堂变得更加有效，让学生有一个更加美好的生物课堂学习体验。然而，许多教师对自己教育理念的转变还不够，对其缺乏行之有效的革新与提高。在中学生物的领域，思维导图是一种全新的教育理念，它改变了过去"为学而教"的传统教育模式，使中学生物教师能够更加明确自己的教学目的与指导思想，在课前绘制一幅思维导图，能够更加关注学生的学习需要，更好地掌握学生的发展趋势，进而提高中学生物教学的质量与层次。

（八）有助于培养学生良好的生物综合素养

在新课改的背景下，中学生物教学的发展更多地关注于学生生物学素养的全面发展。然而，由于目前初中生的学业和教师的工作都比较繁重，教师在生物教学实践中更倾向于采取"题海战术"来提高学生的学业水平，而忽略对学生整体生物学素质的提高。运用思维导图可以有效地同时考虑到考试成绩和生物综合素质的培养，在这种情况下，学生可以更好地理解和巩固生物知识，为他们的考试打下良好的知识基础。除此之外，当初中生在深入学习生物分组实验、生物探究实验等与之有关的知识内容的时候，还要展开思维导图的制作工作，这也是学生对实验现象和结果进行思考探究的过程，这为学生的创新、思考、探究和拓展创造了机遇，进而对学生良好的生物综合素质进行培养。

第二节　思维导图在初中生物教学中的应用

思维导图是一种图像化的思维工具，是一种辐射式的思维方式，所以又叫心智导图。放射性思维能够以脑海中的数据为中心点，无论是记忆，还是感觉，都能够向外蔓延，形成多个关节点，产生诸多联结，进而将中心点与节点连接，构成一个整体的三维结构，它的辐射特征，通过图片与文字的形式，将主体之间的关系，构建出一种记忆的链接，包括文字颜色、图像、关键词等，从而形成一种规律的思维，进而充分激发大脑的潜力，增强记忆力。

在编制思维导图时，教师要熟练地运用其编制方式，并对其编制程序有更深层次的理解和掌握。首先，教师要发挥自己的想象力和创造力，从中间做起，将生物学的知识联系起来，并强调这节课的要点，然后将每一层都分为一、二、三层，用树的形式展现出来，并且在每一层都要做一个重要的标记，这样才能更好地体现出每一层的重要性。其次，教师应该正确地利用色彩，在绘制思维导图的时候，用鲜明的色彩来标记重要的知识，这样能够把学生的注意力吸引过来，让他们把更多的精力投入被标记的知识上面，从而加深对知识点的理解，更好地掌握学习的方法，从而节省学习时间，也为其他科目的学习准备更多的时间。最后，在进行绘制的时候，教师应该保证枝干的准确度，主要是以自然弯曲为主，而不是必须要把它画成一条直线。教师可以给它增加一些趣味性，让它变得更加有趣，从而让学生更感兴趣，能够更加积极地去探究思维导图上的内容。

一、思维导图在生物教学中的可行性

（一）符合生物课程的要求

生物课程是一门对所有生命演变规律进行研究的课程，它是一门自然学科，它在课程中占有非常重要的地位，能够拓宽学生的视野，让他们对大自然有更深刻的认识。在北师大版的教育大纲中，对生物概念进行了新的阐述，即"生物大纲"，其首要任务是让学生认识到生物现象和生命活动的规律，并掌握高级的科学知识。生物学科的内容包罗万象，如生态环保、生物工程、渔业、林业、农业等，以提升生物素质为教学目标，教师主要采用探究式学习，传授生物实验的技能，注重理论联系实际，提倡和谐共生的发展思想。

（二）培养学生的学习能力

与传统的教学方法相比，思维导图可以采用一种非线性的方法，把生物教学中所学到的知识呈现在学生面前。在中学时期，因为学生刚刚接触到生物，他们会觉得生物知识晦涩难懂，没有很强的逻辑性，造成这种情况的最大因素就是他们的生物素质不够，还没有建立起一个很好的生物学根基。所以，在教师使用思维导图的时候，能够将这些知识点的逻辑性梳理清楚，从而减少他们的学习难度，让他们对生物学知识有一个更为深入的了解，这对学生的学习能力和学习积极性都有很大的好处。对学生来说，生物知识的学习难度很大，这是因为这些知识的内容比较复杂，包含世界上所有事物的基本规律，这就导致学生很容易忘记一个知识点，而不能把这些知识联系起来，当他们想要解决问题的时候，会觉得自己无从谈起。因此，思维导图的运用，可以让他们更好地记住这些知识，对教师所教授的知识感兴趣，并积极地去探究它们的含义。另外，要想提升学习成绩，学习习惯的培养也是一个很重要的因素，但是，中学又是一个非常重要的阶段，所以，很多人的学习习惯都会出现一些问题，而思维导图的一个主要功能就是让学生养成对时间进行合理安排的好习惯，这对于提升学习效率非常有用。比如，学生可以自主设计自己的学习任务，将每天的计划记录在图表上，让自己能够对课本内容进行预习，同时还可以使用思维导图来对所学的知识进行记录，从而让生物知识之间形成一种联系，进而强化自己的记忆与理解。

（三）加强师生之间的互动

思维导图是一种创新、发散的思维工具，它在教学中采用图文并重的方法，将现代教育和传统教育的优点有机地融合在一起，提倡新课程改革的发展理念，让师生的关系产生根本的改变，成为一种平等的存在，教师的职责就是指导，由"主体"变为"辅助性"，而学生则从"被动"的"灌输"变为"积极"的"学习"，两者在"教"和"学"上都增添了新的内容。运用思维导图的生物课堂能够提升学生的主动性，使他们的"主体"地位得到进一步的肯定，他们拥有更多的主动权和话语权，进而推动生物思维的形成。此外，教师还可以使用各种多媒体手段，对思维导图的图像和视频进行播放，把实验的成果和理论知识结合起来，营造出一种生动活泼的课堂气氛，让教师可以更好地与学生进行交流。同时，通过使用思维导图，学生能够对有关生物的内容进行更深入的了解和探究，从而形成一种积极的学习方式，通过不懈的坚持与努力，在不知不觉中可以对学生的学习能力和实践能力进行培养，进而为其以后的学习和工作打下良好的基础。

二、思维导图在生物教学中的教学策略

（一）掌握绘制思维导图的方法

在中学生物学课堂上，教师的备课情况是影响课堂教学质量的关键。在常规的教学中，教师在进行思维导图的绘制时，大多使用手绘的方法，这种方法尽管比较简单，能够节约很多的时间，但因为很难对其进行更改，并且绘画的样式比较单一，很难让学生的注意力集中，所以很难取得很好的教学效果。在当今的信息时代，科技的发展速度很快，科技的应用让人们的生活质量得到很大的提升，所以，教师可以通过使用软件绘制的方式，来改进自己的思维导图，这种方式得到很多教师的喜爱，并且能够有效地调动学生的学习热情。与

手绘比起来，软件绘制拥有更多的优点。比如，可以使用插入视频与图片等高级功能，来充实学生的课外知识，让他们更好地了解生物知识中所包含的生物规律，从而拓宽他们的视野。在应用软件绘制的过程中，教师可以按照主次顺序，对知识结构进行合理的规划，对其中的重点与难点使用色彩标记笔进行重点标注，能够迅速吸引人的眼球，并使其产生强烈的视觉体验。此外，使用软件进行绘制，还可以按照自己的意愿，随时对知识点进行补充和完善，而不用重复地进行同样的绘画，这会节省很多的时间。同时，绘制出来的课件还可以存储在计算机中，方便进行及时查看。

在进行课堂教学时，教师应该对思维导图的教学方案进行科学的设计，具体包含如下几个方面：第一，对知识内容的主体进行明确。首先要对思维导图的核心内容进行清晰的认识，这样才可以为接下来的工作打下扎实的基础。第二，采用分层导引法，对授课内容进行分层导引，使授课过程中的知识点清晰明了，从而有效地提升授课效果。第三，要在讲授过程中强调要点，以降低知识点的难度，使其更好地掌握知识点。第四，运用多种教学方法，如录像、动画、实例等，激发学生的学习兴趣。第五，通过对典型案例的剖析和综合，培养学生的思维能力。除此之外，在课外指导的时候，学生自己应该对所学到的知识进行规划和总结，对思维导图进行优化，在进行补充的过程中，能够对所学到的知识进行更多的巩固，对其进行更深层次的记忆和理解，从而培养出更好的生物学思维能力，培养出积极复习的习惯，在长时间的积累下，学生对学习生物学的兴趣将会得到提升。

（二）串联生物知识点

思维导图的形式有两种，一种是金字塔形，另一种是树形。这两种形式都对总复习有所帮助，可以对知识点展开总结和归纳，清晰地看出每一个知识点之间存在着怎样的联系。在这种情况下，通过鲜艳的颜色和各种图表的效果，将会吸引整个班级的关注，从而让他们能够积极地对生物知识进行学习，激发他们的创造性和想象力。在对思维导图中的知识进行学习的时候，学生要花很长一段时间来保持自己的精神高度专注，他们经常会使用自己的大脑来对所学知识进行强化，从而提高自己的学习效率。在自主绘制思维导图的时候，他们要对每一个单元的知识点进行总结和归纳，并在对其进行详细的整理之后，再进行绘制。在平时的教学中，教师应该培养学生对知识进行总结和归纳的学习习惯，这样才能为建立知识框架奠定坚实的基础。比如，在学习有关"无性生殖"的知识时，可以从标记这节课的主要部分开始，然后扩展出其他分支，比如出芽生殖、分裂生殖、营养生殖、孢子生殖等，然后再逐步细分，对知识点进行详细梳理。

生物教学中包含大量的、复杂的知识，这些知识并不容易被理解和记忆，所以大多数学生在上课的时候都会做笔记，这就需要教师在授课过程中，讲解的内容要做到完整和全面，所以，教师应该使用思维导图将这些知识联系起来，以保证学生笔记的完整性。比如，在教授有关"人体内的物质运输"内容时，可以使用思维导图来帮助教学，通过多媒体播放预先制作好的课件，首先对本节课的有关概念进行说明，比如血液循环、心脏功能和结构、血管种类与功能、输血和血型、血液组成功能等，然后逐步将其细化到血管、血压、血浆等。此外，在思维导图中，还必须对知识内容进行细致的分类，比如，血液主要由两个部分构成，一个是血细胞，另一个是血浆，而血细胞主要包括血小板、白细胞、红细胞；血管的类型主要有：毛细血管、静脉、动脉，其中动脉的功能是从心脏开始，在人体内输送血液，静脉的功能是将血液带回心脏，毛细血管的功能是在组织细胞与血液之间进行物质交换。

（三）制作思维导图笔记

在上课之前，教师可以用 5 分钟的时间，通过思维导图对本节课的内容进行介绍，让学生有一定的心理准备，然后再进行讲解，在学习的过程中，学生可以将思维导图绘制在笔记上，对新课题的主要内容进行阐述，以主题为中心，向周围进行扩展，通过彩色的标记笔，将重点内容标注，可以更加直观地了解本节课的内容。比如，在讲解"人体能量供应"知识时，可以通过思维导图的方式对人体能量供应的全过程进行释义，并做好相应的记录，主要内容有：呼吸作用的过程、能量通过呼吸作用释放、呼吸系统组成、食物储存能量等，然后对每项环节进行明确的划分，绘制成发散性的思维导图，在建立各级分支时，用彩色笔标记各类重要的编号、线条、图形、词汇等，明确知识点的要点。在不断实践之后，学生能够更好地对笔记进行总结，将复杂的知识点通过思维导图进行联系，从而对生物知识有一个更为完整的了解。在对生物知识进行教学的时候，教师应该遵循循序渐进的原则，通过分级的方法来掌握好学习的重点和技能，将知识点之间的联系清楚地体现出来，从而形成一个完整的、全面的、有机的体系。

（四）进行复习与总结

在生物教学过程中，教师应该把握好学生的学习进度，在课前通过提问的形式了解学生掌握知识的具体情况，然后对他们进行正确的引导，让他们能够有效地使用思维导图来进行有效的复习，从而能够更快地掌握重点知识。有些学生在进行复习的时候，更多地依赖于复习笔记，而非课本，这是因为这些笔记都是自己书写出来的。通过运用思维导图，将每个知识点之间的内容和关系都清晰地标示出来，能够形成一个比较完善的体系，从而提升复习的效率。还有一些学习能力比较好的学生，光靠着学习笔记，也能够取得很好的成绩，这就表明了思维导图对提升学习成绩的重要作用。在进行复习的时候，学生应该对每一节课所学到的知识内容进行重新的归纳和计划，并对其进行持续的补充和改进，以避免出现对知识点的遗漏。与此同时，在课堂中，学生可以利用小组讨论的方法，一起对所学到的知识进行回顾，这样可以将全体学生的热情都激发起来，让他们的参与程度得到提升，从而使他们的学习能力和合作能力得到更好的提升，进而让整个班级的学习水平得到提升。

从一定意义上来说，复习需要学生对知识点进行整体的回顾，对有关的知识点进行归纳和补充，然后对其进行精简，使得教材的厚度由厚到薄，知识架构清晰明了，将重要的知识深刻地铭记在心，这对提升学习效率是很有帮助的。在对知识进行整理的过程中，思维导图起到至关重要的作用，它可以将零散的知识点进行汇总，让学生能够将注意力放在关键知识的学习上。在对知识进行整理的时候，教师可以采取垂直层次的方法，根据由大到小的顺序来安排，这样可以让知识链条变得更为完善，避免知识点的缺失和重叠。比如，在教师讲解有关"生物圈中的绿色植物"知识的时候，可以对知识点进行精练，在思维导图中将绿色开花植物所产生的各种作用展示出来，具体包括运输作用、蒸腾作用、吸收作用、呼吸作用、光合作用等，还有生殖器官生长、营养器官生长、种子萌发过程等植物的生活史。

在生物教学过程中，教师应该在知识网络体系中构建一个知识链，因为知识点太过复杂，光是一个植物结构就包含很多的知识点，有些学生会不知道该从哪里开始梳理，所以，教师应该使用纵向分级和横向分类的方式，让学生理顺知识点之间的联系。从纵向的观点来看，可以画出各种分支，把知识分割开来；从横向的观点来看，应该进行适当的拓展，通过归纳，可以将结构分为器官、组织、细胞等，然后进行第二个分支，其中器官可以分为叶、茎、根等，在规划的时候，学生应该要有一个清晰的逻辑，对知识的整体梳理不能有任何的疏漏，要将一个整体的框架呈现在思维导图上，并加以完善。

总而言之，在当今这个信息时代，思维导图已经变成一种非常重要的教学方法与教学手段，它对提高教学的质量有着非常重要的影响。在中学生物的教学过程中，采用常规的教学方法很难达到教学的目的，但是通过运用思维导图，能够让学生对知识点进行全面的掌握，从而建立起一个完善的知识体系，通过对知识结构与框架的优化，可以更好地提高学生的积极思维能力和学习能力。此外，教师还可以通过使用思维导图减轻课堂压力，让学生能够更好地理顺知识点之间的联系，为以后学习更高层次的知识打下扎实的基础，进而推动学生未来的全面发展。

第三节　核心素养下思维导图在初中生物单元教学中的应用

初中生才刚开始接触生物，他们本身的基础不够扎实，因此在学习生物时难免会遇到一些困难。因此，在进行初中生物单元教学的时候，教师应该适当地引入思维导图的教学方法，使学生了解每个单元之间的关系，学会将过去所学的理论知识运用到现实中去，从而提高学生的学习效率。在此过程中，教师要明确自身的位置，扮演好引导和组织的角色，帮助学生解决问题，让教学科学化和教育化。

一、思维导图在初中生物单元教学中的应用价值

新的课程改革，对生物的教学方法进行了变革，同时也将生物课本的内容进行了修改，将类似的知识内容归为一个单元，以便于学生进行学习和复习。在将思维导图与中学生物单元教学相联系的时候。一方面，可以让各个单元的知识重点和难点变得更加明确，可以让学生有针对性地对生物单元知识点进行回顾，进而有效地提高学生的学习效率，并逐渐掌握生物知识的学习方式。另一方面，还可以增加学生的学习体验，运用思维导图的方法，提高教师对传统教学方法的认知，这对教师今后教学能力的提高是非常有帮助的。在中学阶段，学生对零散的知识点进行总结和归纳的能力比较差，很多学生并没有掌握好自己的学习方式，他们会觉得中学生物的知识体系十分浩瀚，而通过思维导图，可以让学生对基础知识进行系统化的梳理、归纳和总结，从而提升他们的学习效率。因此，将思维导图与中学生物的单元教学有机结合，就显得尤为必要。

二、基于核心素养下思维导图在初中生物单元教学中的应用

(一) 结合多元智能理论，促进思维导图教学方式与初中生物单元教学的融合

与其他的教育理念比较起来，多元智能理论更注重的是教学方式是否智能化，它重视对学生核心素养能力的培养。所以，在实施初中单元生物教学的过程中，要想充分利用思维导图的教学优势，必须将其与多元智能理论相融合，确保初中生物课堂的智能化。具体的操作方法包括：①与智能思维导图的学习方法相匹配。在目前的教育环境下，学生受到智力因素和非智力因素的影响，他们的个人发展需求也存在差异。所以，继续使用传统的教学方法，就会导致他们对知识的渴求程度下降，从而导致他们的学习效率下降。教师要对学生的学习状况进行观察，将他们的智力进行分类，并帮助他们选择合适的思维导图学习方式，同时还要考虑他们的整体学习能力。②创设智能的学习情境。新课程改革注重对学生自学能力的提高，而在中学生物课堂上，教学时间是有限制的，所以，教师要对自己的教学进行科学的规划，让学生拥有自己独立的学习空间和时间，自主绘制生物单元思维导图，发挥思维导图的教学作用。③教师要充分发挥自身的育人作用，在学生绘制思维导图的时候，对其进行补充与改进，使学生的学习效果最大限度地提高。

(二) 应用思维导图复习知识结构

在学完一个单元的知识后，通过思维导图来回顾，不仅可以对某个零散的知识点做详尽的阐述，还可以将它扩展到其他的知识点，建立一个基本的知识架构，使学生对该单元的生物知识能更好地掌握。在课后练习中，教师还可以通过引入思维导图来将习题和生物知识相结合，以提升学生分析和解决问题的能力。与此同时，在绘制思维导图的时候，教师也要以主题和知识点的差异为依据，来归纳出与之对应的解题思路和解题技巧，然后将这些技巧性的解题方法与所做的思维导图融合在一起，从而对生物知识展开有效的整合，最后，利用思维导图对生物知识进行整合，提升学生的整体素质。比如，在复习课中，教师可以用绘制思维导图的方法来帮助学生建立基础知识框架，让学生发现自己的知识漏洞，并进行及时补充和二次巩固，进而实现良好的复习效果。

总体来说，在核心素养的环境下，将思维导图运用到中学生物单元的教学

当中的关键是智能化。也只有采用智能化的教学方法，才能将思维导图的功能充分发挥出来，从而指导学生建立一个生物单元的知识网络，并对其进行梳理。与此同时，在智能化思维导图的教学过程中，应该体现民主、公正的特点，让学生成为课堂学习的主体，让学生能够更好地融入中学生物的单元学习。

第七章　初中生物教学与社会责任的融合研究

第一节　基于社会责任的初中生物学科建设

作为生物学四项基本素质中不可或缺的一项，"社会责任"已成为中学生物教学质量监测和评价的重要内容。在承担社会职责方面，最重要的是环保及健康的生活方式。这就需要教师在中学生物课堂这个主阵地上，对教学方式进行改革，提高学生的学习热情，激发学生的责任感，使学生认识到，传递社会知识、保护环境、关爱生命等是每位学生的义务，让学生能够自觉地担负起自己的义务，并在实际生活中去实践。本节主要是根据中学生物的实际情况，对中学生物教学中怎样进行社会责任感的培养进行阐述。

一、注重生命教育，引导社会责任

在当今社会，对生命的轻视和对安全的忽视是普遍存在的现象。中学生物是生命教育的重要组成部分。生命教育旨在指导学生对生命的理解，培养他们珍惜、尊重、热爱生命的意识，提高他们的生活信心和对社会的责任意识，指导他们建立一个健康的生命观念，并养成一种健康的生活习惯，善待生命，健康成长。在中学生物教学过程中，要善于运用各种资源，注重对学生进行生命意识的教育，以提高他们对生命的认识，从而养成对生命的敬畏，对生命的关爱。

比如，在教授"人的生殖和发育"一课时，当讲述到精子与卵细胞的受精作用时，教师可以用视频来演示受精卵的形成过程，即数亿个精子经过长途跋涉，最终只有一个精子能与卵细胞结合成功。在观看视频的过程中，学生可以很直观地理解和感受到，每一个生命诞生都很不容易，也很美好，进而意识到生命的宝贵和不平凡，并在以后的生活和学习中珍爱自己的生命。

再例如，在"膳食指南与食品安全"这节课上，教师可以提问："你们今天都吃了些什么早饭？有些人起床晚了，连早饭都没吃，行不行？为何？我们的早饭应该吃哪些食物？"用一系列问题来让学生对自己的早餐营养问题进行审视，然后用一天饮食的摄入量和摄入类型等问题来让他们对自己在一日食谱中的营养是否全面、比例是否合适等进行思考。经过对这些问题的探讨，在现实生活中，学生会积极地对不吃早餐、挑食、偏食等不良的饮食习惯进行改正，让他们在营养上达到平衡全面，并对肉类和蔬菜合理地进行搭配，进而提高他们对健康生活的认识，让他们培养一种健康的生活方式，让他们热爱生命、热爱生活。

事实上，在中学生物课本中，生命教育是可以进行的，比如，在讲授"免疫"的时候，就会提到很多疾病，教师可以通过对学生进行这些疾病知识的灌输，让他们认识到生命的可贵，进而珍惜生命，善待生命。综上所述，在课堂上，教师要以课程的内容为依据，把握好时机，对学生进行尊重生命、珍惜生命的教育，要倡导一种健康的生活方式，以此来提高他们的社会责任感。

二、聚焦热点新闻，强化责任意识

在当今时代，科学技术飞速发展，互联网信息也非常发达，因此，对新闻热点的传播也非常的广泛和快速，因此，在社会上，对热门话题的关注程度比较高。在生物教学过程中，教师可以与课本上的知识相结合，选择合适的社会热点问题，将其导入课堂中，并进行讨论，让学生了解其原因。通过这种方式，既能让学生将所学习到的生物知识运用到实际生活中，又能对其进行社会性教育，增强其责任感。

比如，在教授"传染病"这一内容时，当说到传染性疾病要有 3 个主要过程时，教师可以请学生谈谈自己对这 3 个过程的认识，并与新型冠状病毒的流行相联系。以所学的知识为基础，与 2020 年年初的疫情联系起来，学生认为在疫情严重的那段时间里，大家都尽可能不外出，这样可以最大程度地阻断病毒的传播渠道，降低传染病的发生率，也算是为社会做出了贡献。当教授有关"免疫"内容时，涉及规划免疫，教师可以联系国家对新型冠状病毒的研发和预防，让学生认识到国家科技进步的重要性，从而激发学生的探究积极性，激发学生的兴趣，进而提高他们对社会的责任感。

例如，在教授"关注生物技术"时，当涉及转基因食物的安全问题时，教师可以组织一次辩论赛，让学生对此问题做出相应的解释。学生在激烈的思想交锋中，认识到转基因食物的利害关系，一些人对此表示非常担心，不过他们也坚信，随着科学的进步以及法律的不断健全，人们将逐渐地从根本上消除由转基因食物引起的安全性问题。与此相似的社会性问题的类型有很多，教师可以将这些问题与课本中的知识相结合，在教学中适时地引进，从而让学生的探索兴趣得到提高，进而让他们的社会责任感得到加强。

三、关注环境问题，承担社会责任

在人类社会不断发展、不断扩大的同时，人们正面临着空气污染、水资源短缺、土地荒漠化等问题。实现资源与环境的可持续发展，是当今世界各国共同追求的目标。在中学生物学教育过程中，要加强对学生的教育，培养他们的生态环保意识，培养他们自觉履行社会责任的意识。

比如，教授"藻类植物"知识，当说到藻类的优点和缺点时，教师可以通过多媒体展示太湖中的蓝藻和赤潮，让学生思考：为何会有这么多的藻类浮在海面上呢？最大的问题是什么？如果不能得到有效的管理，事情会变成什么样子？假如您要进行太湖的蓝藻防治工作，您将会采用什么方法？通过活动中的反思和探讨，让学生加强环保理念，并在此基础上，学会一些环保方法。

例如，学习"保护生物多样性的艰巨使命"，当说到许多动物和植物都处于濒危状态时，教师就可以提出问题：为什么会出现这种情况？经过讨论，学生总结出造成这种情况的原因：由于人们的迅速发展，以及人们对环境的破坏，导致动物失去栖息地，以及森林面积的急剧减少，环境污染，自然灾害等。接着，教师通过展示一些有关人为砍伐树木的图片和环境污染的数据，让学生更加直观地认识到要自觉地保护自然环境，要建立"绿水青山就是金山银山"的观念，以此来担负起保护自然环境和保护地球的社会职责。

实际上，中学生物学教材对关注环境和环境保护责任感的培养仍有许多不足之处。例如，在教授"关注生物圈——环境在恶化"这节课程内容的时候，教师可以让学生在网上收集与环境污染有关的信息（可以是图片、文字、数据等），在课堂中，学生可以在这些信息的基础上展开讨论，从而形成自己的想法。学生认为，生物圈内的环境正在不断地恶化，人类是这个生物圈的一部分，他们有义务去阻止这种情况的进一步发生。

四、开展实践活动，践行社会责任

在素质教育中，中学生物实践活动是一个不可或缺的组成部分，它是一种科学探索的方式，能够让学生更加深刻地了解生物学科的价值。实践活动能够使同学们从教室中走出来，更多地接触到大自然和社会，运用生物知识来促进理论与实践之间的联系，这样既能够丰富学生的经验，开阔他们的视野，又能够使他们的知识变得更加多样。同时，学生能够在进行各种各样的活动中，将自己的专长完全展现出来，以此培养其创新意识和实践能力，也能借此履行社会职责。

比如，在完成"种子的萌发"这一课之后，学生知道发芽需要水分、温度、空气等。根据这个原则，教师可以把学校里的农业园区作为自己的农耕园，让学生根据自己的实际情况去种一些合适的蔬菜。学生首先要选择一颗种子，然后去播种。在选种时，应根据发芽时所处的环境条件进行适当的调整，并在播种后，注意保证土壤的水分。这就要求学生有高度的责任心，他们要天天浇水，在它们萌芽后还要施肥、除草等。在实践中，不仅可以加深学生对教材内容的理解，而且可以履行自己的社会职责。

中学生物学教学中所学习到的许多知识，都可以应用到现实生活和实践中去。例如，在学习"安全用药"之后，教师可以让学生把家里药盒中的物品整理归类，把那些已经过期的药品去掉，然后再备上几种常见的药品。比如，教师在讲到"食物链"之后，可以将课程内容延伸到粮食问题与人口问题之间的联系上，让学生认识到，随着人口的发展，食物的匮乏会越来越严重，同时，教师还可以通过学生在日常生活中无意间的食物消耗，来帮助学生建立爱惜粮食的意识，并采取"光盘"行动。

综上所述，在中学生物的教学过程中，教师要重视对学生社会责任感的培养，既要强化教育知识与现实生活之间的联系，又要激发学生参与到实际活动中来，让他们在教学过程中发挥出自己的作用，让他们成为一名有着高度社会责任感的好公民。

第二节　初中生物教学中社会责任素养的培养

初中是学生发展的重要时期，这个时期，学生的自主意识和独立意识开始形成，他们想要脱离家长的控制，自己去做事情，自己去做决定。这种趋势是好的，但他们的生理和心理还不成熟，世界观、人生观、价值观还没有完全建立起来，他们对社会责任的认知还不够深刻，这就需要教师的正确指导，而培养学生的社会责任素养就是生物课程的一个主要目的。生命理念、科学思维、科学探究和社会责任感是生物学科的四个基本要素。在进行生物教学的时候，教师可以将社会责任的培养内容巧妙地融合进去，让学生"以生物学的知识为基础，参加个人与社会事项的讨论，并做出理性解释和判断，从而拥有尝试解决生产生活中的生物学问题的担当和能力"。在这一部分中，笔者以实际工作为基础，着重探讨了在生物教学中如何强化和提升学生的社会责任素养。

一、生物教学培养学生社会责任素养的初衷

新课程改革给生物教学的发展带来新的挑战，而在新课程改革的要求下，如何提高学生的生物学的综合素质是一个重要课题。社会责任素养的具体内容有：学生能提倡生物科学，学会从生物科学的视角去探究相应的问题，并得到合理的教学解释；能运用所处区域内的各种资源，使自己处于一种"社会实践"的氛围中，训练自己对生物知识的运用；能够建立起可持续发展的理念，认识到节约资源的必要性、重要性和紧迫性，并积极地将这种理念传递给他人；可以认识到生命的可贵，深入了解预防传染病的逻辑初衷，进而逐步形成自身良好的生活习惯。

将以上内容与生物课程相结合，可以将科学与生活的联系推向一个更为紧密的趋势，从而提高学生对生物的兴趣；能够更好地进行生物实验实践工作，使其能够将生物学科的科学性完全体现出来，进而培养学生的科学思维，培养他们分辨伪科学和参与社会问题的能力；它能更好地反映学科的实质——"生命科学"。所以，在进行生物知识体系搭建等相关的教学时，教师可以将生命教育和环境教育的内容融入其中，从而提高学生的社会责任素质，进而达到立德树人的目的。这就需要教师积极地挖掘和拓展他们的课程内容，积极地创新和调整他们的教学方式，积极地重塑和优化他们的教学模式，从而持续地提高他们的生物课程和教学的品质，从而让学生的生物学科的核心素质得到提升。

二、生物课程教学培养学生社会责任素养的策略探究

从塑造和形成生物课程的社会责任素养培养意识，再到将其纳入生物课程的社会责任素养培养中，最后实现提高学生的生物社会责任素养的目标，这是一个逐步发展的过程。生物教师要制订出一套有条理的教学方案，并且要进行持续努力，保证将社会责任素养的培养内容渗透到每一节生物课中，从而形成一种良性的社会责任素质培养氛围。

（一）优化教学导入环节，激发学生的社会责任意识

良好的课堂引入能提高生物教学的主动性，为培养学生的社会责任感打下良好的基础。所以，在进行教学的时候，生物教师可以将生物现象，与生物相关的社会议题、生活话题等引入到教学中，以此来提高学生的学习兴趣，培养他们的独立学习能力，让他们能够积极地参加到关于生物话题的讨论中来，这样才能将新知识成功地引入到他们的课堂中，从而逐渐提高他们的社会责任素质。

比如，在学习"合理膳食与食品安全"时，教师可用一个已知的事情做开场白："2020 年 10 月，在黑龙江省鸡西市，有九人因酸汤中毒而死亡。"酸汤是一种以玉米为主要原材料，经过水磨和发酵后制成的类似于面的酵米。夏季和秋季生产的米制品容易被椰毒假单胞菌污染，形成致命的米酵菌酸，其毒素在高温下不被降解，且没有特效的救治手段，有 50% 以上的病死率。许多学生从电视节目和新闻网站上已经知道了这个事情，所以他们非常积极地参加了讨论。因此，在现实生活中怎样才能做到合理饮食，确保食品安全？学生在课堂上展开了激烈的探讨，并得到不同的结论，从而逐渐建立起学习生物以引导自身生活的意识。在此基础上，教师可以对学生进行合理的指导，并将他们的注意力转移到社会性问题和爱护生命等话题上，从而让他们的社会责任意识得到更深层次的提升。综上所述，在进行课堂引入的时候，生物教师要主动发掘一些学生所熟悉的、感兴趣的材料，并创造一个良好的社会责任探讨氛围，逐步提高学生的社会责任素养。

（二）巧用直观教学策略，培育学生的社会责任素养

在生物教学中，有些概念是十分抽象的，而青少年学生的抽象思维水平还

处在提升阶段，所以，教师可以使用实物直观教学法、模象直观教学法、语言直观教学法等，把学生引入与之对应的思维情境中去，从而使他们对相关的生物学知识有一个更好的了解。在这些知识中，教师可以使用直观教学法来培养学生的社会责任素养。这是由于社会责任素养属于较为抽象的范畴，通过特殊的直观情境可以让学生产生深入的认识。

比如，在学习"尿的形成和排出""心脏的结构与功能""肺与外界的气体交换"时，教师可以设置一个任务，让学生去做一个与课程内容相关的模型，将尿的排出过程、心脏的结构和功能、肺部与外界的气体交换过程等展示出来。在实践中，通过对相应器官的功能和特征进行分析，并据此进行相应的建模。可以让学生更好地了解相关的知识，进而提高自己的实践技能，并意识到生命的价值，意识到各个器官都在为人体的正常功能做着自己的贡献。这样，学生就会学会珍惜生命，爱惜身体，让身体的每一个部位都能保持正常的运转。应当指出，在社会责任意识培养的过程中，教师可以适当地引进人体器官移植相关的新闻（可在网络上搜索），让学生了解人体器官与人健康发展的关系、个人成长与健康的关系，并扩展到个人发展与社会发展的关系。通过这种方式，学生就会在学习过程中，将自己的主观能动性完全释放出来，展开自主探究，并主动参加到课堂教学活动中去，从而他们的学习效率会得到相应的提升。

（三）在知识巩固提升环节，树立学生的社会责任意识

在知识巩固环节，教师可以将培养社会责任素养的内容融入其中，比如，引入可以讨论的道德教育方面的话题，让学生以所学的知识为基础，建立起社会责任意识。比如，在"人的生殖"这节课中，教师可以通过一些社会和家庭方面的问题，让学生意识到，当他们出生的时候，母亲正在承受着生育之痛，父母不断努力是在成就孩子的未来。通过这种方式，学生可以更加深入地了解父母的辛苦付出，从而用一种正确的方式来面对自己的父母，感谢他们的付出，并努力成为一个好孩子，让父母安心；要成为一名优秀的学生，让父母为之自豪。从这个意义上来说，这是一种社会责任感。比如，在学习"输送血压的泵——心脏"知识时，教师可以在知识巩固环节中对学生进行巧妙的指导，让他们能够将理论知识和生活实践相结合，并让他们意识到，理论知识是为身体健康管理实践提供服务的，不能随便践踏自己的生命。从而使学生用一种更加积极的、正确的态度去对待生活，学会珍惜自己的生命，珍惜他人的生命。比如，在学习关于输血与血型的知识时，教师可以鼓励学生18岁以后

进行无偿献血。通过这种方式，学生就可以在拯救他人的过程中，作出自己的努力，从而培养出关心他人、无私奉献的品格，同时，这也是形成社会责任意识的一个重要契机。综上所述，在生物教学方面，要主动发掘出教科书中对社会责任素质培养有益的因素，并将这些因素与课堂教学有机地结合起来，创造出一种积极的社会责任意识培育氛围，让学生的社会责任素质得到持续提升。

(四) 优化复习内容，开展社会责任教育

在生物知识复习的过程中，应在其中加入对学生社会责任感的教育。因此，我们必须转变过去只注重测验结果的教学方式，为学生提供适当的学习材料，培养他们的社会责任素质。

譬如，在讲授"血管"一节时，教师可以指导学生做归纳总结，让学生认识到，由于生物的构造和机能的关系，各种血管都有其各自的特征，并有其显著的功能差别。之后，以这一点为依据，可以引入与之相对应的生活实例，比如在生活中发生意外时，应该怎样利用生物知识来判断出血情况，以及应该怎样进行处理等。这使得学生能够很快地把他们所学的知识和他们的社会职责联系在一起。比如，在温习"输送血压的泵——心脏"时，教师可以让学生说明心脏的重要性：它是一个很重要的器官，是可以保持持续运转的，如果我们不懂得对它进行保护，经常熬夜，或者摄入过多的脂肪，就会让心脏处在一个不好的运作环境中。所以，从保护心脏的观点出发，学生要改变一切不良的生活习惯，做到早睡早起，多做运动，坚持合理饮食，并积极关注自己及家庭成员的身体健康。在进行教学评估的时候，教师还可以将社会责任素养培养的内容纳入其中，从而在解决问题的过程中，让学生树立起关爱生命、保护环境的责任意识。比如：一名患者的尿液中出现红细胞，这是一种什么样的疾病？是哪个过程出了错？有一位患者的尿液出现葡萄糖，是哪种疾病引起的，是哪个过程出了错？这种病对人类的健康有何危害？显然，这种题目是在考查尿的形成过程，而通过这种问题能够让学生对相关的知识进行强化，并在这个基础上认识到健康对人的重要性，进而会对自己的身体情况，以及家人和他人的身体健康情况表示关心。

(五) 合理创设实验情境，提升学生的社会责任素养

在生物实验课中，会有很多的动植物实验材料，它是培养社会责任意识的一个关键突破口。在某些生物实验中，可以很好地对社会责任进行渗透，比如环境保护、自然和谐、人与自然共生发展的理念等，这样就可以对学生的社会

责任素质进行有效提高。

比如，在一个观察小鱼尾鳍内血液流动的生物实验中，教师可以设置相应的问题：湿润的棉絮在实验中扮演怎样的角色？在实验的时候，为何要一直滴水？通过这个问题，可以让学生联想到，小鱼是如何生存的。在这个实验完成后，可以询问学生如何处理小鱼。一些学生会迅速将小鱼重新装进水族箱里。在这些细微之处，折射出学生对生命的关爱和爱护，对生命的一种社会责任感。此外，在实验的时候，教师可以对实验内容进行适当的调整和优化，让学生了解到自然生态、环保教育的重要意义，从而对他们的社会责任素质进行培养和提高。比如，在"种子的萌芽"实验中，教师可以引导学生在实验过程中去思考种子与成长之间的关系。学生就像一粒种子，社会就是他们生长的土壤，他们必须对二者的关系有一个清晰的认知，从而自觉地承担起自己的社会职责。除此之外，一些容易操作的生物实验可以让学生自己去做，这样可以让他们的实践经验得到加强，同时也可以让他们在实践过程中更好地提高自己的社会责任素质。比如，在开展游园活动的过程中，教师可以让学生主动介绍各种植物的名字和特征，并讲解它们的作用，这样就可以使学生对植物与人类生活的关系有一个更好的认识，从而让他们认识到爱护植物、保护环境是每个人的职责所在。

总而言之，在培养生物核心素养的进程中，培养社会责任意识和培养社会责任能力是一个非常关键的课程，它与学生的可持续发展密切相关，因此，教师应该对这一点给予足够的重视。在进行教学的时候，生物教师可根据不同的教学板块，采用一些有差异的方法，来保证与社会责任有关的材料能够跟课程的内容保持一致，这样才能持续地加深学生的理解和认知，从而对他们的社会责任意识进行培养。

第三节 核心素养视角下的初中生物科学史教学

《义务教育生物学课程标准（2022年版）》明确提出："生物学为自然科学的基本学科，它是对生命现象及其规律的研究。"对生物学的研究，已经走过了从现象到本质、从定性到量化的发展历程，生物学已经发展出一个非常完善的知识系统，同时也发展出一种可以帮助人们了解自然现象和规律的思维方式和探究方法。通过对生物科学史的学习，可以让学生重新体验科学家探究生物世界的历程，让他们认识到科学研究的实质和方法，进而学会将知识投入科学研究中去，这对于提升他们的生物科学素质是非常重要的。在中学生物课本中，包含着大量生物科学史的教育材料，以下，就是笔者根据生物科学素养的三个维度，通过教学案例的方式，对怎样才能更好地发掘生物科学史的教学意义进行的阐述，从而将生物科学素养教学落实到中学生物课堂上。

一、善用科学发展过程，树立科学生命观念

生物科学史主要描述人类生命科学发展的历史进程，其具体包含以下内容：生物学家对生命现象的研究过程，科学家在研究生命现象过程中的观点和态度，生命观念就是对生物概念、原理、规律的提炼和升华，它是一种可以用来了解或说明生物学有关现象的，并可以用来对生物学的现实问题进行分析和解决的意识和思想方法。所以，生物科学史对培养学生的科学生活观起着重要作用。通过生物科学史，可以让学生对生物学基础知识的发展历程有一个清晰的认识，让学生对生物学的基本概念有一个更加深刻的了解，这对建立起科学的生活理念具有重要的意义。举例来说，在七年级上册第二单元第一章第三节末尾，就有一篇名为"科学家的故事：施莱登、施旺和细胞学说"的生物科学史资料。这部分内容安排在"植物细胞""动物细胞"章节后面，通过对这两章内容的了解，使学生对"细胞是组成有机体的最基础单元"这一生物学观念有了初步的认识。但是，在这一阶段，学生才刚刚开始接触生物这门课程，只是通过对动物细胞和植物细胞的细胞结构进行观察，对细胞结构有一定的了解，但是学生很难在短时间内将该生物学观点的内在含义完全了解。教师可以借助"科学家的故事：施莱登、施旺和细胞学说"这一生物科学史材料，让学生了解细胞生物学的发展历程，进而让学生认识到科学的形成是一个循序渐进的过程。教师首先要带领学生回顾细胞学创立的历程，然后让学生跟随施莱登与施旺去观察动植物的细胞，通过二人严谨、一丝不苟的比较，了解动植物虽有不同的形状与构造，但在本质上动植物都是由细胞构成，进而加深学生对细胞是组成生命的最基础单元的理解。

又如，在八年级下册第七单元第三章第三节末尾，有一段与科技史有关的资料"科学家的故事：达尔文和他的进化思想"。如果教师只是简单地将桦尺蠖的进化案例放在书本上，很有可能会因为案例的稀少，让学生误以为这些案例只是个案，并不能让他们明白自然选择学说的真正意义，也就不能树立"多种多样的生物是经过自然选择长期进化的结果"的生命理念。在这一节课

上，教师可以利用"科学家的故事：达尔文和他的进化思想"这一科学历史素材，带领学生回顾达尔文的研究和思维转变过程，跟随达尔文对多种生物进行观察。比如古代的穿山甲和现在的穿山甲虽然很像，却有很大的不同。再比如，加拉帕戈斯的各个岛屿上，生活着各种各样的地雀，它们都有自己的特征。并得出现代生物都是从远古时期进化而来的，它们的种类也在不停地改变着。这可以帮助学生从内心确立科学的进化与适应观，即各种不同的生物都是通过自然选择而长期进化出来的。

二、巧用生物科学史的研究情境，发展学生科学思维

"科学思维"就是在认识事物和解决问题时，要以客观的态度去对待事实和证据。这种思维崇尚严谨求实，它以事实和逻辑为基础，运用比较、分类、归纳、演绎、分析、综合、建模等方法，展开独立思考和判断，对问题进行多角度、辩证的分析，并对已有的观点和结论展开批判审视、质疑和包容，甚至提出创造性见解的能力和品格。生物科学史素材包括生物学家对生物现象和生命规律进行研究的科学历程，也包括他们在这一历程中科学思维的转变。科学家要在尊重事实和证据的基础上，以严谨的科学态度展开研究，并利用科学思维来揭示生物现象及生命规律。所以，教师可以以生物学事实和证据作为依据，创设情境，再现生物科学史中生物科学知识研究的历史过程，从而引导学生站在科学家的角度，培养学生运用科学思维的方法。将个体思维与小组合作思维有机地结合起来，去探究生活现象和规律，从而让学生的科学思维在再现科学史的过程中得以发展。

举例来说，八年级下册第七单元第二章第三节"基因的显性和隐性"中的"孟德尔的豌豆杂交实验"这一科学历史资料。孟德尔花了八年时间，对多种不同的物种进行了大量的杂交实验，并利用假设推理的方法，发现了不同物种之间的遗传规律。如果教师只是让学生去阅读科学史材料，并从中得出结论，那么就很难对基因的传递规律进行深刻的了解，也就不能对学生的思维进行更好的发展。例如：①孟德尔把豌豆作为基因实验的对象，其优点是什么？②以纯种高茎豌豆为亲本，得到的子代是高茎还是矮茎？③以纯种矮茎豌豆为亲本，其后代是否具有高茎或低茎豌豆的特性？④纯种高茎豌豆和纯种矮茎豌豆杂交，其子代为高秆或低秆？⑤在子代中进行高茎豌豆自交，其子二代的表现如何？是什么比率？为何？⑥解释生活中的基因问题：为什么父母都是双眼

皮, 孩子却是单眼皮? 之后, 再让学生从科学家的视角去探究、去回答, 从而引发学生的深层思考。将个体思维和团体思维有机地融合在一起, 运用归纳与概括、演绎与推理等方式, 去感受科学家的科学思维, 这样既能让学生对基因的传递规律有更深刻的认识, 又能培养学生的科学思维能力。

又如七年级下册第四单元第六章第四节 "激素调节" 一节中, 介绍了有关胰岛素的科学史。经过多位科学家的实验, 他们已经找到一种方法, 可以对一只患有糖尿病的狗使用胰岛素。如果在运用该资料时, 教师只是单纯地让学生阅读科技史材料, 并从中得出相应的结论, 那么就难以使学生进行更深层次的思考, 他们的思维也很难得到充分拓展。所以, 在运用这一科学史资料时, 教师可以对资料进行精练处理, 再现当时的历史情境, 并将其设计成问题串, 让学生一步步地进行深入的思考, 从而让学生的科学思维获得更好的发展。比如, 教师可以这样设置: ①狗在被切除胰腺后, 尿液中出现了葡萄糖, 并且表现出某些糖尿病患者的症状, 试着想象一下, 胰腺有哪些作用? ②通过对普通犬进行胰管结扎, 结果显示, 大部分犬的胰腺已枯萎, 仅胰岛存活, 由此推断, 哪些器官对糖尿病具有调控功能? 胰岛的功能是什么? ③假如你是一名科学工作者, 你将怎样进行胰岛的功能实验? 接着, 教师展示科学家班廷的实验过程: 他从狗的胰岛中提取出胰岛素, 并且成功地对狗进行了胰岛素疗法。④根据班廷的实验, 我们能够了解到胰岛素的作用是什么? 在此教学中, 学生的科学思维在教师所提出问题的指引下, 层层递进思考, 进而获得良好的训练, 也让学生对胰岛素的作用有了更深入的了解和更深刻的印象。

三、妙用生物科学史的探究过程, 培养学生探究实践能力

"探究实践" 是从对大自然的好奇心、求知欲及实际需要出发, 在实际的环境中, 通过研究来解决问题, 或进行实验研究的一种能力与品质。生物科学史, 就是科学家们探究生命现象、生命规律的历史过程。所以, 在生物科学中, 生命科学的生成就是一个探究的过程, 而这种探究的过程中所生成的科学史资料, 就成了对生命科学进行探究的教育素材。在进行教学的时候, 教师可以将这些生物科学史资料充分地运用起来, 创造出一个良好的历史气氛, 让学生化身成为历史中的科学家, 重新经历生物学探究的过程, 并指导学生进行观察、提出问题、制订计划和实施等, 最终实现对学生生物科学探究能力进行培养的目的。

　　举个例子，七年级上册第三单元第五章第一节"光合作用吸收二氧化碳释放氧气"中有一段科学史材料"海尔蒙特和普利斯特利的实验"，它能让学生了解到植物的光合作用是怎样进行的。然而，这样的学习方式并不利于让学生进行有效的探究。针对这一点，教师可以创设情境：植物不会像动物一样通过捕食来获取食物，但它们也可以从小成长，体积和重量由小变大，那么它们的增重部分从何而来？通过对这些问题的研究，使学生自己能够完成类似海尔蒙特所做的实验步骤。接着，教师演示海尔蒙特所做的实验，并给出结论，提出问题：①经过 5 年的实验，杨柳的总体品质如何？土壤的重量减轻了多少？这些植物的体重增加是从何而来？②关于海尔蒙特的研究结果如何？他有没有遗漏的地方？③增加体重的物质是否真正来源于空气？在此基础上，教师将引导学生在情境素材的基础上，进行分析、合成、提问，通过设计出类似普利斯特利所做实验的方法，探究增加植株重量的物质是不是来源于空气，最后，教师将普利斯特利的实验方法与结果展示给学生观看，并指导学生进行进一步研究：①为何在一段时间后，烛火会熄灭，老鼠会死去？②把一株绿色的花草放在玻璃箱中，烛火不会熄灭，老鼠依然生存得很好，原因何在？③在这一进程中，绿色植物扮演着怎样的角色？在这个过程中，可以让学生不知不觉地融入科学探究的情境之中，从而了解到科学家所采用的研究方式。同时，还可以让学生扮演一个科学家的角色，来进行一些探究性实验，从而让他们能够借助科学史资料，亲自体会到科学探究的过程，使他们的科学探究能力得到培养。从科学文献中发现的生物学成果，以及科学家们在科研活动中所秉持的坚持不懈的探索精神，都能促进人类的发展。在教学中，我们应充分运用科技文献资料，引导学生以科学家为榜样，树立崇高的理想，承担起自己的社会责任。另外，中学生物教材中的生物科学史资料还含有科技与社会的交互作用，其内容包括当今社会与生物有关的热点话题和前沿科技，让学生对这些社会背景和生物科学研究进展有一定的认识，教师可以通过这些科学史资料来指导学生对其展开讨论并作出合理的解释，从而培养学生相应的社会责任意识。

　　举例来说，在八年级下册第七单元第二章第五节末尾，就有一个科技史材料"科学家的故事：袁隆平与杂交水稻"。如果只是让学生自己去阅读，学生将很难体会到袁隆平在科学态度与社会责任方面的自我要求和责任担当。在运用这一段材料时，教师可以借助多媒体对"袁隆平对杂交水稻的贡献和成就、杂交水稻的作用和意义"等内容进行辅助展示，再提出问题，让学生展开更深层次的探讨，让学生在阅读与探讨的过程中，对袁隆平艰苦奋斗的科学精神、对社会粮食安全做出的杰出贡献、解决社会生产生活问题的责任担当方面有更深入的了解，从而实现培养学生社会责任感的教学目标。

　　从整体上看，生物科学史展示了生物科学发展的演变历程，它具有很强的教育性。教师应充分认识到，生物科学史在生物教学过程中所起到的重要作用，并在教学过程中，采用一种非常具有灵活性的教学方法，对科学史的教学材料进行全方位的发掘，进而创造出一种能够让学生置身其中、重新体验科学发展过程的情境，让学生能够真正建立科学的生命理念，培养理性的科学思维，让他们具备科学的探究能力，树立崇高的理想和社会责任，让生物科学素养教育能够在生物课堂中得到有效实施。

参考文献

［1］刘恩山. 中学生物学教学中概念的表述与传递 ［J］. 中学生物学, 2011, 27（1）: 3-5.

［2］周萍. 微课在初中生物教学中的应用研究 ［J］. 教育界, 2023, 521（9）: 29-31.

［3］马金华. 初中生物教学中培养学生核心素养的实践研究 ［J］. 天天爱科学（教学研究）, 2023, 247（3）: 82-84.

［4］吕良图. 运用现代教育技术创设初中生物教学情景 ［J］. 学苑教育, 2023, 378（6）: 74-76.

［5］黄海平. 初中生物教学中学生核心素养培养策略 ［J］. 试题与研究, 2023, 1124（5）: 61-63.

［6］秦语悦. 在初中生物教学中渗透生命教育的策略 ［J］. 教育界, 2023, 514（2）: 131-133.

［7］王路平. 积极心理学与初中生物教学融合路径探究 ［J］. 教学管理与教育研究, 2023, 8（1）: 87-89.

［8］徐蕾. 初中生物教学中互动探究式学习能力培养的研究 ［J］. 当代家庭教育, 2023, 176（2）: 152-154.

［9］葛晓伟. 在初中生物教学中融入生命教育的策略 ［J］. 天天爱科学（教育前沿）, 2023（1）: 173-175.

［10］陈崇贞. 探究生活情境在初中生物教学中的应用措施 ［J］. 中学课程辅导, 2022（36）: 54-56.

［11］孟悦. 浅析"双减"政策背景下开展初中生物教学的策略 ［J］. 天天爱科学（教学研究）, 2022, 238（12）: 52-54.

［12］曹刘英. 初中生物教学中"学案导学"模式的应用解析 ［J］. 学苑教育, 2022, 369（33）: 72-73.

［13］梁永林. 对初中生物教学中多媒体技术应用的研究 ［J］. 当代家庭教育, 2022, 172（29）: 57-60.

［14］雷海贞. 在初中生物教学中培养学生科学探究精神的研究［J］. 科幻画报，2022，325（11）：211 – 212.

［15］杨维龙. 多媒体对初中生物教学的积极影响与实践应用［J］. 中小学电教，2022，563（11）：40 – 42.

［16］章惠婷. 关于新课程理念下初中生物教学的探究［J］. 试题与研究，2022，1116（33）：188 – 190.

［17］李世飞. 学生核心素养发展导向下的初中生物教学策略研究［J］. 学周刊，2022，525（33）：42 – 44.

［18］赵立刚. 关于初中生物教学中培养学生核心素养的几点思考［J］. 中国多媒体与网络教学学报（下旬刊），2022（10）：246 – 249.

［19］束长凯. 核心素养背景下的初中生物教学策略［J］. 安徽教育科研，2022（29）：55 – 56.